Philipp Melanchthon

Declamationes

Vol. I

Philipp Melanchthon

Declamationes
Vol. I

ISBN/EAN: 9783743695467

Hergestellt in Europa, USA, Kanada, Australien, Japan

Cover: Foto ©Lupo / pixelio.de

Weitere Bücher finden Sie auf **www.hansebooks.com**

… PHILIPPVS MELANCHTHON

DECLAMATIONES.

Ausgewählt und herausgegeben

von

Karl Hartfelder.

BERLIN.
Verlag von Speyer & Peters
Buchhandlung für Universitäts-Wissenschaften.
1891.

Lateinische Litteraturdenkmäler des XV. und XVI. Jahrhunderts.
Herausgegeben von Max Herrmann und Siegfried Szamatólski.
Heft 4.

Der

Hochwürdigen Theologischen Facultät

der

Universität Heidelberg

gewidmet

als ein bescheidenes Zeichen des Dankes

für die

Verleihung der theologischen Doctorwürde.

Einleitung.

Begriff der Declamatio Melanchthons und ihre Einführung in Wittenberg. Der Begriff der Declamatio stammt aus dem Altertum: so übersetzten die Römer die μελέτη oder den ἀγών der griechischen Rhetoren[1]. Von den Griechen gingen diese Redeübungen in die Schulen der Römer über[2]. Insbesondere hat Quintilian eine hohe Vorstellung von dem Werte der Declamatio. Eingehend bespricht er ihre verschiedenen Formen: er verlangt, dafs sie sich von der Wirklichkeit nicht allzuweit entfernen und ein wahres Abbild besonders der Gerichts- und Staatsreden bleiben müsse, für welche damals die Mehrzahl der Zöglinge in den Rhetorenschulen vorgebildet wurde[3].

Es ist bekannt, welchen Jubel es erregte, als Poggio in der Bibliothek des Klosters St. Gallen eine vollständige Handschrift des Quintilian entdeckte[4]. 'O ungeheurer Gewinn, o unverhoffte Freude', jubelte Bruni. Die Begeisterung der Italiener für den berühmten Rhetor teilte sich mit der Zeit auch den Deutschen mit. Insbesondere wurde Rudolf Agricola der Herold Quintilians: neben Aristoteles und Cicero ist ihm

---

[1] L. Grasberger. Erziehung und Unterricht im klassischen Alterthum. Würzburg 1881. III. 364 ff. 372 ff. — Melanchthon braucht auch selbst gelegentlich den Ausdruck μελέτη für declamatio oder declamatiuncula. Corpus Reformatorum, von jetzt an CR. citiert, I, 737.
[2] O. Ribbeck. Gesch. d. Römisch. Dichtung. Stuttg. 1889. II. 6.
[3] Vgl. Quintilian II. 10. 2 ff. — 20. 4. X, 5. 14 ff., 21 ff. u. ö.
[4] Vgl. G. Voigt. Die Wiederbelebung d. klassischen Altertums I². 241, 467. II². 387.

EINLEITUNG.

Quintilian der gröfste, der dritte in dem klassischen Bunde derer, die Verehrung und Nachahmung verdienen[1]. Unter den älteren Humanisten ist keiner, von dem Melanchthon mehr gelernt hätte als von Agricola. Auch für Melanchthon ist Quintilian eines der ersten klassischen Muster: wiederholt rühmt er seine Vorzüge, gelegentlich hat er auch über ihn an der Universität gelesen.

So begreift man, dafs Melanchthon die von Quintilian so hoch gestellte Declamatio ebenfalls als höchst wertvoll betrachtete[2]. Er selbst hat in Tübingen mehrmals solche Declamationes gehalten, von denen sich eine 'de artibus liberalibus' erhalten hat. In Wittenberg hat er sich sodann eifrig bemüht, die Sitte der Declamationes an der Universität einheimisch zu machen. Nicht blofs, dafs er gelegentlich selbst deklamierte, er arbeitete auch für Kollegen und Studenten lateinische Reden aus und fehlte dann nie unter den Zuhörern, wenn dieselben gehalten wurden. So schreibt ein Student aus Wittenberg im Jahre 1524: 'Revocavit ille (sc. Melanchthon) ab inferis vetus declamandi genus, a Germanicis scholis iam multis saeculis desideratum. Eius autem certaminis ipse primus specimen edidit et classicum cecinit, dum pro iuris studio potentissime declamavit et altero die Guilielmum Nessenum contra vehementissime declamantem audivit, quo certamine iuventutem mire animant ad elegantiora studia et ad simile exercitium ardenter invitant'[3].

[1] Einzelheiten bei Hartfelder, Melanchthon als Praeceptor Germaniae. Berlin 1889 (von jetzt an H. M. citiert) S. 328 ff.

[2] Noch um 1519 scheint übrigens die Sitte des Declamare recht selten gewesen zu sein. So klagt Beatus Rhenanus darüber, dafs die alte Sitte des Declamare, deren Nutzen er sehr hoch anschlägt, die 'rixosae disputationes' immer noch nicht verdrängt habe. Vgl. Horawitz und Hartfelder, Briefwechsel d. Beatus Rhenanus. Leipzig 1886. S. 133. Manuskr. nr. 31 der Vadianschen Briefsammlung in St. Gallen II. 178. Diese Bemerkung erfährt sodann durch einen späteren Brief (1. März 1524 folgende Einschränkung: 'Philippus non declamavit contra ius canonicum, sed pro legibus civilibus, usque adeo splendidam orationem habuit, ut omnibus auditoribus fuerit admirationi.' Ebendaselbst Ms. 31. nr. 176. — Nach einer brieflichen Äufserung M.s, die vermutlich ins Jahr 1525 fällt, sollte man annehmen, dafs monatlich nur einmal deklamiert wurde. CR. I, 737.

Bald nachher, wahrscheinlich schon im Jahre 1523 verlangte Melanchthon die Einrichtung regelmäfsig wiederkehrender Declamationes an der Universität. Diese Übungen, welche nach seiner Meinung jeden Monat zweimal abzuhalten waren, sollten ein Ersatz für die mittelalterlichen philosophischen Disputationen sein, welche am Anfang des 16. Jahrhunderts nicht mehr mit dem alten Eifer gepflegt wurden[1]. Die Reden sollten abwechselnd von den Lehrern der Rhetorik und der Grammatik und den Studenten gehalten werden. Die Declamationes der letzteren mufsten von dem Lehrer der Rhetorik vor dem Vortrag durchgesehen und verbessert werden[2].

Als sodann im Jahre 1536 die Hochschule Wittenberg neu geordnet wurde, wobei Melanchthon neben Luther als die Seele und die treibende Kraft der Reorganisation angesehen werden darf, wurde die Zahl dieser Übungen noch vermehrt: die zwei Lehrer für Dialektik und Rhetorik sollten jede Woche 'declamation halten' und zwar so, dafs Disputatio und Declamatio regelmäfsig abwechselten. Auch der Lehrer, welchem die Erklärung des Terenz oblag, wurde verpflichtet, 'die declamationes zu bestellen'. Für die Abhaltung dieser Übungen waren dieselben Geldbelohnungen, fünf Groschen, angesetzt wie für die Disputationen. Wer sich aber der Verpflichtung der Declamatio zu entziehen suchte, wurde mit einer Geldstrafe belegt[3].

---

[1] August Thorbecke, Geschichte der Universität Heidelberg. Heidelberg 1886. I, 71. Über die nachlässige Betreibung der Disputationen Hist. Zeitschrift 64, 92.

[2] Ausdrücklich wird für die Nichtachtung dieser Vorschrift eine Strafe des Kurfürsten angedroht. Krafft, Briefe u. Dokumente aus d. Zeit d. Reformation etc. S. 9.

[3] H. Hering, Libellus fundationis academiae Vitebergensis. Universitätsschrift von Halle 1882. S. 11. Wie ernst es M. persönlich mit den Declamationes nahm, erzählt auch Camerarius. De vita M. etc. ed. Strobel. S. 71. — Selbst an katholischen Hochschulen bürgerte sich die Einrichtung der Declamationes ein, so z. B. in Wien, wo sie an Stelle der quodlibetischen Disputationen trat. Vgl. Aschbach, Gesch. d. Univers. Wien. Wien 1888. III, 65. Auch in Basel werden von den Studenten der Artistenfakultät Declamationes verlangt. Vgl. R. Thommen, Gesch. d. Universität Basel. S. 267. Th. Burckhardt-Biedermann, Gesch. d. Gymnasiums zu Basel. Basel 1889. S. 13

Wir sehen also, eine Declamatio in diesem Sinne ist eine an der Universität gehaltene Rede in lateinischer Sprache, von Lehrern oder Studierenden angefertigt und vor einer grösseren Zuhörerschaft vorgetragen. Aber neben diesen Reden, welche der Notwendigkeit der Übung in lateinischer Sprache ihre Entstehung verdanken, giebt es noch eine zweite Klasse, die in den Sammlungen Melanchthons gleichwertig erscheint, akademische Gelegenheitsreden verschiedener Art. Man pflegte z. B. mit einer feierlichen lateinischen Rede die Vorlesungen zu eröffnen: so begann Melanchthon seine Wittenberger Thätigkeit im Jahre 1518 mit der berühmten Rede 'de corrigendis adulescentiae studiis'. Auch dürften die meisten Vorreden zu klassischen Schriftstellern, welche unter Melanchthons Declamationes aufgenommen sind und die teilweise auch als Praefationes von Ausgaben der betreffenden Schriftsteller gedruckt wurden, ursprünglich solche Einleitungsreden zu Vorlesungen sein. Man vergleiche: Praefatio in officia Ciceronis, Praefatio in Aeschinis et Demosthenis orationes etc[1].

Eine weitere Gattung der Declamationes waren sodann die akademischen Grab- und Leichenreden für fürstliche Persönlichkeiten oder hervorragende Lehrer der Hochschule. Bei dem grossen Ansehen, das Melanchthon an der Universität genofs, hat er oft im Auftrage der Kollegen bei solchen Anlässen gesprochen. Man vergleiche die Reden: De Maximiliano Caesare, De Friderico Electore, De Ioanne Duce Saxoniae, In funere Lutheri, De Dorothea Principe (von Melanchthon für seinen Schwiegersohn Sabinus geschrieben), De Caspare Crucigero etc[2].

Noch häufiger sind Reden bei akademischen Promotionen, Ernennungen von Magistern oder Doktoren[3]. Derartige Declamationes bilden den Hauptbestandteil der von Melanchthon hinterlassenen. Unter anderen gehören hierzu: De studiis theologicis (von Justus Jonas gehalten), De dialectica (von Jakob Milich gesprochen), De studiis adulescentum (von Veit

---

CR. XI. 15, 86, 101, 111, 239, 257, 367 etc. M. hat auch für Kollegen solche Reden geschrieben.

CR XI. 25, 91, 223, 726, 763, 833 etc.

H M S 4 ff—104.

Winsheim gehalten. vielleicht auch verfafst). De ordine discendi (von Kaspar Cruciger vorgetragen), De scripto iure (bei einer juristischen Doktorpromotion vorgetragen). De gradibus in theologia (von Justus Jonas gehalten). De studio linguarum (von Veit Dietrich deklamiert). De gratitudine (von dem Schotten Alesius bei einer Magisterpromotion gehalten) etc[1]. Ebenso verschieden wie die Anlässe waren die Stoffe der Reden. Bei der bekannten Vielseitigkeit Melanchthons war es ihm möglich. Reden aus dem Wissensstoff sämtlicher vier Fakultäten zu fertigen. In seiner amtlichen Stellung als Vertreter der Humaniora. speciell als Gräcist. lagen ihm Themata über die humanistischen Begriffe der Eloquentia. die Bedeutung der Sprachen besonders nahe. Abgesehen von seiner Wittenberger Antrittsrede mögen genannt sein: Encomium eloquentiae. De studio linguarum. Laus vitae scholasticae. De utilitate studiorum eloquentiae, De studiis linguae Graecae. De cura recte loquendi. De studiis veteris philosophiae etc[2].

An Reden dieser Gattung reihen sich solche historischen Inhaltes an. Geschichte war in damaliger Zeit kein besonderes Lehrfach Die historischen Vorlesungen bestanden in der Regel in der Auslegung eines klassischen Geschichtsschreibers. Erst in seinem späteren Leben hat Melanchthon im Anschlufs an seine Bearbeitung von Carions Chronik eigentlich geschichtliche Vorlesungen gehalten[3].

Eine besondere Vorliebe hatte er, wie alle Humanisten, für biographische Darstellungen. Beispielsweise seien genannt: De Friderico Barbarossa. De Sigismundo Imperatore, Vita Rudolphi Agricolae. De Imperatore Ottone I, De Matthia rege Hungariae. De Capnione Phorcensi. De Eberhardo Duce Wurtembergensi. De Erasmo Roterodamo etc[4].

Aber den gröfsten Teil seines Lebens gehörte Melanchthon als Lehrer neben der philosophischen zugleich der theologischen Fakultät an. weshalb er auch eine beträchtliche Anzahl Declamationes mit theologischem Inhalt, über Kirchengeschichte,

---

[1] Vgl. CR. XI. 41, 159, 181, 209, 218. 227. 231. 251 ff.
[2] CR. XI, 50, 231, 298, 364, 855. XII, 213, 240.
[3] Das Nähere bei H. M. S. 297, 390. 565.
[4] CR. XI, 306, 316, 438, 509, 976, 959. 1021. XII, 264.

exegetische und dogmatische Fragen, verfafst hat. Selbst die
juristische und medizinische Gelehrsamkeit gehen nicht leer
aus. Mehrfach hat Melanchthon für Kollegen dieser zwei
Fakultäten Reden geschrieben, die ebenfalls in die Sammlung
seiner Declamationes Aufnahme gefunden haben. Als Beispiele
seien erwähnt: De legibus, Laus artis medicae, De scripto iure,
De Irnerio et Bartolo, De dignitate legum, De iure possidendi,
De dignitate artis medicae etc[1].

Echtheitsfrage. Neuerdings sind von verschiedenen
Gelehrten Zweifel bezüglich der Echtheit mancher Melanchthonschen Reden geäufsert worden. Ja mehrfach wurden die,
welche die Reden vorgetragen hatten, kurzweg als die eigent-
lichen Verfasser einzelner Reden bezeichnet[2].

Eine Stütze findet diese Ansicht in dem Umstand, dafs
manche von den unter die Melanchthonschen Reden aufge-
nommenen bei ihrem ersten Erscheinen auf dem Titelblatt
nur den Vortragenden angaben. So war z. B. die Declamatio
'de capta Roma' als 'Oratio cuiusdam studiosi' bezeichnet[3].
Auf dem Titelblatt der Querela Lazari vom Jahre 1539
steht nur 'pronuntiata a quodam scholastico Vitebergae'[4].
'De odio sophistices' vom Jahre 1541 hat den Zusatz 'Oratio
in promotione magistrorum recitata a M. Erasmo Reinhold
Salveldensi decano'[5].

Wenn bei diesen und anderen blofs die Bezeichnung des
Vortragenden und nicht die des Verfassers angegeben ist, so wird
die Sache noch schwieriger bei solchen Reden, welche den

---

[1] Vgl. CR. XI. 66, 191, 218, 350, 357, 630, 636, 806 u. ö.
[2] Vgl. z. B. den Artikel Milich in der A. D. B. — So glaubt
Paulsen, Gesch. d. gelehrten Unterrichts, Leipzig 1885, S. 171, die
Rede. De utilitate studiorum eloquentiae (CR. XI, 364), mit welcher
Sabinus seine Vorlesungen in Frankfurt a. O. eröffnete, dem
Melanchthon absprechen zu müssen. Vgl. dazu Fr. v. Bezold, Rudolf
Agricola. München 1884. S. 18. Früher schon hatte Blaufus, Vermischte Beyträge etc. S. 357 ähnliche Zweifel geäufsert.
[3] CR. XI. 190.
[4] CR. XI. 425.
[5] CR. XI. 544.

Vermerk tragen, dafs sie von irgend einer bestimmten Persönlichkeit verfafst seien. So steht bei dem 1531 zum erstenmal gedruckten Encomium formicarum der Zusatz 'scriptum ab Erasmo Ebnero'. Die Rede 'de dialectica' vom Jahre 1528 ist als 'Oratio Iacobi Milichii' bezeichnet. Der Vortrag über die Trunkenheit, 'vituperatio ebrietatis', soll 'scripta a Vito Winshemio' sein. Die Überschrift von 'de studiis adulescentum' hat den Zusatz 'habita, cum titulus baccalaureorum decerneretur quibusdam, et scripta a Vito Winshemio'. Die wichtige Deklamation 'de ordine discendi' wird als eine Rede von Kaspar Cruciger bezeichnet[1].

Kein Zweifel, dafs eine grofse, ja vielleicht die gröfsere Anzahl der lateinischen Reden, die wir jetzt kurzweg Melanchthon zuschreiben, entweder ohne seinen Namen oder geradezu unter einem anderen Namen erschienen ist. Hätten im 16. Jahrhundert die heutigen Begriffe von litterarischem Eigentum Geltung gehabt, so wäre die Frage nach der Verfasserschaft bald entschieden: ein grofser Teil dieser Reden gehörte anderen Schriftstellern, Freunden und Schülern Melanchthons.

Aber ehe wir diesen Schlufs machen, bleibt eine ganze Anzahl von Nachrichten zu erwägen. Beginnen wir mit Joachim Camerarius, dem treuen Schüler und vertrauten Freunde Melanchthons[2]. Derselbe bezeugt in seiner Lebensbeschreibung Melanchthons, dafs dieser für die meisten Bücher, welche zu seiner Zeit in Wittenberg entstanden, der Wegweiser, 'gleichsam der Theseus', gewesen, dafs insonderheit der ganze Bedarf an akademischen Festreden von Melanchthon allein verfafst wurde[3].

Noch bestimmter sind die Angaben des Laurentius Ludo-

---

[1] CR. XI. 130, 150, 159, 168, 181, 209, 457, 466 etc.
[2] Vgl. über ihn in der A. D. B. Adalbert Horawitz, welcher eine Biographie dieses Gelehrten versprochen, an der ihn jedoch der Tod verhindert hat.
[3] Camerarius, S. 63. Die Angabe, dafs Melanchthon für andere litterarische Arbeiten fertigte, weshalb ihn Luther auch den famulus communis der Universität nannte, bestätigt auch sein Feind Ratzeberger. Chr. G. Neudecker, Die handschriftl. Geschichte Ratzebergers über Luther etc. Jena 1850. S. 81 (141, 142).

vicus, wonach Melanchthon die akademischen Reden und die Thesen für die Disputationes allein schrieb[1]. Professor Ziegler, Lehrer des Hebräischen an der Hochschule Leipzig, kam wiederholt nach Wittenberg, um sich von Melanchthon Vorlesungen und Reden abfassen zu lassen. So schrieb Melanchthon einen Kommentar zu Johannes für Kaspar Cruciger, einen solchen zu Matthäus für Diakonus Fröschel, eine Erklärung zum zweiten Buch des Plinius für Milich, Lebensregeln für Chytraeus, mythologische Erklärungen zu Ovids Metamorphosen für Georg Sabinus, eine Methodus für den Juristen Kling, eine griechische Übersetzung der Augsburger Konfession für Dolscius, zahlreiche Reden, die an den Universitäten Leipzig, Frankfurt, Rostock und Greifswald gehalten wurden. Natürlich gingen seine eigenen akademischen Kollegen in Wittenberg auch nicht leer aus. Ludovicus schliefst seine Aufzählung: Melanchthon schrieb 'noch anderes Unzähliges für andere'[2].

Ein dritter Schüler Melanchthons, Jakob Heerbrand in Tübingen, bezeugt ausdrücklich: 'Suo labore et sudore libros scriptos et alia interdum sub amicorum nomine, ut ipsos quoque celebres redderet, edidit'[3].

Nach diesen durchaus glaubwürdigen Zeugnissen unterliegt es keinem Zweifel, dafs Melanchthon, der von jeder kleinlichen Autoreneitelkeit frei war, anderen Manuskripte zu freiester Verwertung überlassen hat. Wir werden also geneigt sein, solche Reden, welche später in die weiter unten besprochenen Sammlungen von Melanchthonschen Reden Auf-

---

[1] Dieses darf nicht zu wörtlich verstanden werden, da ja bekanntlich auch Luther Thesen zu akademischen Disputationen entworfen hat. Gewifs haben auch noch andere Gelehrte gelegentlich Thesen und Reden verfafst.
[2] Laur. Ludovicus, Ecclesia vetus, nova etc ed. Abrah. Scultetus. Heidelbergae 1614. S. 474. Die Stelle ist wiederabgedruckt bei Strobel. Ph. Melanchthonis Libellus de scriptoribus ecclesiast. Norimberg. 1789. S. 124. CR. XIX. 497. L. Koch. Melanchthons Schola privata. Gotha 1859. S. 88. — Eine Vorlesung M.s für Cruciger nachgewiesen bei Wrampelmeyer. Cordatus Tagebuch. Halle 1883. S. 51. nr. 221.
[3] CR. X. 3 f. — Ein weiteres Zeugnis derart von Schütz steht bei Th G Strobel. Miscell. litterar. Inhalts V. 1781. S. 144.

nahme gefunden haben, selbst dann für echt zu halten, wenn sie auch bei ihrem ersten Erscheinen den Namen Melanchthons nicht auf dem Titelblatt tragen.

So kann man auch mit Hilfe des Melanchthonschen Briefwechsels bei verschiedenen Reden, welche zuerst ohne seinen Namen erschienen, nachweisen, dafs sie aus seiner Feder stammen. Im Jahre 1552 z. B. verliefs in Wittenberg eine 'oratio continens historiam Io. Capnionis recitata a Mart. Simone' die Presse[1]. Melanchthon ist nicht als Verfasser genannt, und doch verschickt er sie als sein Werk an seine Freunde[2]. Zum Überflufs bezeichnet sie noch der gut unterrichtete Camerarius als eine Schrift Melanchthons[3]. Ganz das Gleiche gilt von der Rede 'de disciplina scholae Rostochianae', welche von Arnold Burenius vorgetragen wurde und unter dessen Namen im Jahre 1556 im Druck erschien.

Wer Melanchthons Briefe gelesen hat, weifs, dafs der gefällige Mann für andere nicht blofs Reden, sondern auch Briefe, Anschläge und dergleichen für das schwarze Brett der Universität geschrieben hat[4].

Diese Thatsachen erbringen jedenfalls den Beweis, dafs zahlreiche Reden und sonstige Schriften, welche unter anderem Namen mündlich oder schriftlich an die Öffentlichkeit kamen, in Wahrheit von Melanchthon herrühren. Trotzdem aber wird die Forderung aufrecht zu erhalten sein, falls nicht willkürlicher Behauptung und unkritischem Verfahren Thür und Thor geöffnet werden soll, dafs bei jedem Schriftstück, das unter fremdem Namen gedruckt wurde, der Nachweis Melanchthonscher Herkunft im einzelnen erbracht werden mufs[5].

---

[1] CR. XI, 999—1010.

[2] L. Geiger, Über Melanchthons Oratio continens historiam Capnionis. Frankf. a. M 1868. S. 9.

[3] Camerarius S. 19.

[4] Weitere Stellen für andere Reden, die, obgleich unter anderem Namen erschienen, doch von Melanchthon als eigene Arbeiten bezeichnet werden, bei G. Th. Strobel. Miscell. V, 149 ff. — CR. III, 1066, 1104; V, 685; VI, 18. 503; VII, 1157 f. VIII, 820; X, 580; XI, 364, 374, 509, 983 etc.

[5] Dagegen ist, gewifs ohne Verschulden Melanchthons, eine Rede des Regiomontanus, die derselbe einst in Padua gehalten hat,

Zum Schlusse sei noch bemerkt, dafs diese Überlassung eigener Arbeiten an andere in jener Zeit nichts Unerhörtes ist. Man sah nichts Schimpfliches darin, sich von Freunden oder akademischen Kollegen eine lateinische Rede anfertigen oder mit einer solchen vertreten zu lassen. So hielt einst Rudolf Agricola für seinen geliebten Camerarius die übliche lateinische Rede, als dieser zu Pavia zum Rektor gewählt worden war[1]. Eine Rede, welche Johann von Dalberg am 6. Juli 1485 zu Rom hielt, erschien 1511 unter dem Namen Agricolas, der sie auch wahrscheinlich verfafst hat[2]. Ebenso hat der Geschichtschreiber Thomas Hubertus Leodius eine lateinische Rede geschrieben, welche sodann der Heidelberger Jurist Hartmann von Eppingen hielt[3]. Freilich sind das nur einzelne wenige Fälle; wenn dies bei Melanchthon zur Regel wird, so beweist das nur, wie richtig es ist, wenn die Zeitgenossen Melanchthons Herzensgüte und Gefälligkeit fast überschwenglich preisen.

Würdigung der Reden im ganzen. Wie einzelne Declamationes Melanchthons von den Zeitgenossen beurteilt wurden, wird bei den Bemerkungen zu den einzelnen Reden angeführt werden. An dieser Stelle mögen nur einige Urteile, welche sich auf die Gesamtheit von Melanchthons Reden beziehen, zusammengestellt sein.

Laurentius Ludovicus, Rektor des Gymnasiums in Görlitz, Verfasser einer Anzahl lateinischer Reden, welche Abraham

---

unter die Reden Melanchthons geraten; es ist 'De Alfragano'. (CR. XI. 531—544.) Der Irrtum entstand dadurch, dafs Melanchthon das Buch, in welchem die Rede erschien, die Rudimenta astronomica Alfragani etc. Norimbergae 1537, mit einer Widmungsepistel versah. Dieses seltene Werk besitzt die Münchener Hof- u. Staatsbibliothek. Die Praefatio Melanchthons steht CR. III. 400. — Ich verdanke diesen Hinweis Herrn Prof. Dr. Cantor in Heidelberg.

[1] K. Hartfelder, Unedierte Briefe von R. Agricola. Festschrift d. badischen Gymnasien zum Heidelberg. Jubiläum. 1886. S. 23. K. Morneweg Johann von Dalberg. Heidelberg 1887. S. 31.

[2] Morneweg S. 95 f.

[3] Hausser, Gesch. d. rhein. Pfalz. Heidelberg 1845. I. 561. Über Leodius vgl. Forschungen z. deutschen Gesch. 25, 273 ff.

Scultetus herausgegeben hat, rechnet Melanchthons Reden unter 'die Mirakel der Wissenschaft'. Wenn ihm schon ihre Darstellung wegen ihrer Klarheit und Gefälligkeit anziehend erscheint, so findet deren Inhalt noch höheren Beifall. Hier ist Weisheit mit Gelehrsamkeit, Mannigfaltigkeit mit Anmut vereinigt. Sie sind für junge Leute, die sich ein tüchtiges Urteil erwerben wollen, die beste Lektüre. 'Niemand soll auf die Universität abgehen, bevor er diese Reden einmal durchgelesen hat'[1].

Noch viel überschwenglicher preist sie ein anderer Schüler Melanchthons, David Chytraeus, Lehrer an der Hochschule, der eine Sammlung derselben beabsichtigt hatte, die aber, wie es scheint, nicht zu stande kam. Sie erscheinen ihm als ein 'Schatz von Weisheit und Bildung'. Form und Inhalt erklärt er für gleich vortrefflich. Selbst Demosthenes' und Ciceros Reden übertreffen sie an Wert und Nutzen. Da sie fast alle Gebiete menschlichen Wissens umfassen von der Theologie bis zu den Gegenständen der philosophischen Fakultät, und alles in der Melanchthon eigenen klassischen Form, so müssen sie unter die besten Bücher gerechnet werden, die immer wieder von neuem zu lesen sind[2].

Ähnlich lauten die Ausdrücke des Strafsburger Herausgebers Nikolaus Gerbel, der an ihnen 'das Schöne und Geziemende' bewundert und sie wegen ihres gebildeten Inhaltes für vortreffliche Bildungsmittel der Jugend ansieht[3].

Es ist nicht zu bestreiten, dafs in diesen pietätsvollen Urteilen mehr die fast schwärmerische Verehrung dankbarer Freunde und Schüler als nüchterne Erwägung zu Worte kommt. Man übertrug die unbedingte Hingabe zu dem geliebten Verfasser auch auf diese Kinder seines Talentes. Mögen diese akademischen Gelegenheitsreden der Vorzüge auch manche haben, aber mit den Werken der grofsen Redner des Altertums, die auf dem Boden eines hochbedeutenden und bewegten Staatslebens erwachsen sind und die das edle Pathos

---

[1] Laur. Ludovicus Leobergensis Ecclesia vetus, nova. Heidelberg 1614. S. 483.
[2] Dav. Chytraei Orationes. Hanoviae 1614. S. 511.
[3] CR. X, 681 f.

politischer Leidenschaft geboren hat, halten die anmutigen Kinder der Studierstube Melanchthons den Vergleich doch nicht aus. Bei der Beurteilung sämtlicher Reden darf nie vergessen werden, dafs es Gelegenheitsreden sind, bestimmt, irgend eine akademische Feier zu Wittenberg oder sonstwo mit dem üblichen rhetorischen Schmuck zu bekleiden. Selbst die Reden geschichtlichen Inhalts machen da keine Ausnahme. Sie wollen keine nach irgend einer Seite hin erschöpfende Behandlung des gewählten Themas sein. Wer sie also mit all den kritischen und methodischen Folterwerkzeugen, die heute die akademische Schulung dem Historiker verschafft, behandeln wollte, könnte bei jeder einzelnen, selbst die besten nicht ausgenommen, manche Schwächen entdecken. Da sind gelegentlich unrichtige Angaben, die Dinge werden nicht in vollständig richtigem Zusammenhang geschaut, manche heute wichtige Angabe ist ganz vergessen und dergl. Aber eine solche Beurteilung geht von falschen Voraussetzungen aus. Denn manche Declamationes sind, während der beständig überbürdete Gelehrte mit anderem und wichtigerem beschäftigt war, in gröfster Eile hingeschrieben. Bezeichnend ist, was Camerarius erzählt, dafs manchmal der Vortragende schon begonnen hatte, während Melanchthon noch mit der Niederschrift des Endes beschäftigt war, und das noch nasse Manuskript auf den Katheder des akademischen Hörsaales wanderte[1].

Damit ist auch ein Anhaltspunkt für die Betrachtung der Darstellungsweise, der oratorischen Form gegeben. Nicht als ob nicht einzelne Reden mit aller Sorgfalt, die Melanchthon auf seine Schriften bei ausreichender Zeit verwandte, ausgearbeitet wären. Aber besonders unter den Reden aus seiner letzten Lebenszeit sind manche, denen man anmerkt, dafs, wie Erasmus bemerkt, die Stegreifrede Melanchthons eigenstes Feld war[2]. Im übrigen war 'proprietas et simplicitas sermonis' sein höchstes stilistisches Ideal. Sehen wir von der ersten erhaltenen Rede ab, die Melanchthon noch in Tübingen beinahe als Knabe gehalten hat, so finden wir diese beiden stilistischen Eigenschaften fast überall vertreten. Die klar dahin-

[1] Camerarius S. 63.
[2] Erasmi opp. ed. Clericus. I. 1014. E.

fliefsende. vom Ziele nicht abirrende Darstellung wird ab und zu durch ein passendes Citat aus den Alten unterbrochen, ein Schmuck der Rede, worauf Melanchthons Zeitgenossen den allerhöchsten Wert legten und worin er nach ihrer Meinung alle übertraf[1]. Obgleich auch Erasmus und Vives Declamationes geschrieben haben, so fand doch keiner der beiden gefeierten Latinisten in dieser Gattung der Litteratur eine ähnlich grofse und unbedingte Anerkennung wie Melanchthon[2].

1. De artibus liberalibus. Die älteste uns erhaltene Rede[3] Melanchthons handelt von den 'freien Künsten'. Sie gehört in die Tübinger Zeit, die vom Herbst 1512 bis Sommer 1518 dauerte[4]. Doch kann nicht mit Sicherheit bestimmt werden, wann sie gehalten wurde, vielleicht im Jahre 1517[5]. Unzweifelhaft ist es eine akademische Gelegenheitsrede, wie aus der gelegentlich vorkommenden Anrede an die Lehrer, 'viri optimi', und die Studenten, 'adulescentes', hervorgeht. Doch war sie mehr für die letzteren bestimmt, wie man aus den wiederholten Mahnungen im letzten Teil derselben sieht.

Das Thema der Rede führt uns in die Schule der ausgehenden Römerzeit und des Mittelalters. Eine Schrift des Martianus Felix Capella, 'die Hochzeit der Philologie und des Merkur', ein auf älteren Werken der klassischen Zeit beruhendes Kompendium, fafste das Wissenwürdigste über die sieben freien Künste zusammen[6]. Als im Laufe des Mittel-

---

[1]) Camerarius, S. 82. Vgl. H. M. S. 314 ff.
[2]) [Das vorliegende Heft bietet eine Auswahl aus den zahlreichen Melanchthonschen Declamationes, welche sich auf Pädagogik, Geschichte der Universitäten und Schulen u. a. beziehen. Es liegt im Plane der Sammlung, in weiteren Heften auch aus den übrigen Gebieten M.scher Declamationes ausgewählte Stücke zu bringen.]
[3]) Es war nicht die erste, wie aus der Rede selbst hervorgeht. Er hatte 'im Monat Juli' bereits eine solche über die Artes gehalten; zugleich stellt er eine weitere in Aussicht.
[4]) H. M. S. 35–61.
[5]) So wenigstens steht in der 1570 zu Strafsburg erschienenen Ausgabe der Declamationes. Wenn diese Angabe zuverlässig ist, so ist damit auch eine Beziehung zu seinem eigenen Magisterexamen ausgeschlossen. M. war den 25. Januar 1514 Magister geworden.
[6]) Weiteres bei Fr. A. Specht, Gesch. d. Unterrichtswesens in Deutschland. Stuttg. 1885. S. 84.

alters die Hochschulen entstanden, wurden die sieben freien Künste der Lehrgegenstand in der vierten Fakultät, die man deshalb auch die artistische nannte. Den ganzen Umfang der sieben Künste bezeichnete man mit dem Ausdruck ἐγκυκλοπαιδεία, schon von Quintilian I. 10. 1 mit 'orbis litterarum' übersetzt. Melanchthon hat sich gelegentlich beider Ausdrücke bedient[1]. Dieser Kreis des Wissens zerfiel in zwei Unterabteilungen, das Trivium und Quadrivium. Das erste umfafste Grammatik, Dialektik und Rhetorik, das zweite Arithmetik, Geometrie, Musik und Astronomie. Alle diese 'Künste' sollten in der Artistenfakultät gelehrt werden. Thatsächlich verschlangen freilich im zweiten Teil des Mittelalters die grammatischen und besonders die dialektischen Vorlesungen, welche die eigentliche Burg der Scholastik waren, weitaus den gröfsten Teil der Zeit und Kraft.

Als nun im 15. Jahrhundert der Humanismus in Deutschland einzog, drangen die Humanisten an den Universitäten auf Durchführung des ganzen Kursus. Die Neuerer verwarfen also keineswegs den bisherigen Lehrstoff der Schulen: sie verlangten vielmehr die Behandlung sämtlicher sieben Artes, besonders des Quadriviums, das bisher gewöhnlich zu kurz gekommen war. So feiert Petrus Luder in seiner Heidelberger Antrittsrede von 1456 die sieben freien Künste[2], ähnlich Konrad Celtis in seiner Antrittsrede zu Ingolstadt[3]. Die Deutschen scheinen hierin nur italienischen Brauch nachgeahmt zu haben; so hat Rudolf Agricola in einer Rede zu Ferrara die Philosophie und Artes gefeiert[4]. Nicht blofs Reden, sondern auch Abhandlungen und Dialoge erschienen über den gleichen Gegenstand. Eine Münchener Handschrift (Clm. 3941), welche eine ziemliche Anzahl von Erzeugnissen der deutschen Frührenaissance in sich schliefst, enthält eine kleine Schrift 'Dy siben freyen kunsten mit jrn eygenschaften' und ferner 'Ain lied von den künsten'. Der rheinische Hu-

[1] H. M. S. 169 ff.
[2] Er ändert allerdings einiges im Quadrivium. Vgl. W. Wattenbach in d. Zeitschrft. f. d. Gesch. d. Oberrheins Bd. 22. 43 u. 101 ff.
[3] Vgl. K. Hartfelder, Fünf Bücher Epigramme d. Konr. Celtes. Berlin 1881. V. 3.
[4] T. P. Tresling, Vita et merita R. Agricolae. Groningae 1830. S. 87.

manist Theodorich Gresemund. ein Freund des Konrad Celtis und Adam Werner. hat einen 'dialogus artium liberalium' geschrieben[1]. Der mit vielen Humanisten befreundete Kartäuser Gregor Reisch fafste den wichtigsten Stoff der Artes in seiner 'Margarita philosophica' zusammen, die viel gebraucht und gerade von humanistisch gebildeten Männern empfohlen wurde[2].

So hat Melanchthon mit seiner Rede nur ein althergebrachtes humanistisches Thema von neuem behandelt. Ganz besonders bezeichnend für seinen Standpunkt ist es. dafs er zu den 'sieben Künsten' noch Geschichte und Dichtkunst als achte und neunte Muse hinzufügt. Geschichte ist um diese Zeit im wesentlichen Kenntnis der klassischen Geschichtsschreiber. und die Poesie verteidigten die Humanisten so eifrig. dafs sie von ihren scholastischen Gegnern den Namen der 'Poeten' bekamen.

Gelegentlich der Erwähnung der Dialektik nennt Melanchthon die 'Scotici', womit nur Scholastiker gemeint sein können. und erteilt ihnen das Lob, dafs sie zwar trocken im Ausdruck, aber reich an Gedanken seien. Eine Anerkennung der Scholastik aus dem Munde Melanchthons. der in späterer Zeit nur Übles von ihr zu sagen wufste[3]! Aber dieses friedliche Verhältnis zu den später so eifrig befehdeten 'Sophisten' erklärt sich aus den damaligen Tübinger Verhältnissen. Hier hatten die alte und neue Richtung einen friedlichen Bund geschlossen. Der Theologe Konrad Summenhart war der befreundete Kollege des eifrigen Humanisten Heinrich Bebel, und letzterer beklagte mit den Mitteln seines humanistischen Könnens in lateinischen Distichen den im Jahre 1502 erfolgten Tod Summenharts[4]. Ebenso steuerte Bebel lateinische Gedichte bei zu den Schriften eines anderen Tübinger Leh-

---

[1] Archiv f. Litteraturgesch. XIV, 441.

[2] K. Hartfelder in d. Zeitschrift f. Gesch. d. Oberrh. 44, 188. — Andere freilich, wie auch schon Reisch, noch mehr Aventin, erweiterten den Orbis litterarum beträchtlich über die sieben Artes. Vgl. dessen sämtliche Werke (München 1881) I, 556.

[3] Vgl. Linsenmann, K. Summenhart. Tübinger Festschrift von 1877.

*

rers, des Gabriel Biel, den man den 'letzten Scholastiker' zu nennen pflegt[1].

Melanchthon widmete seine Schrift aus Dankbarkeit, wie er ausdrücklich hervorhebt, Johannes Stöffler aus Justingen, dem Lehrer für Mathematik und Astronomie an der Tübinger Hochschule. Dieser merkwürdige Mann, dem Melanchthon ein treues Andenken bis über das Grab hinaus bewahrte, war ihm Lehrer und älterer Freund zugleich. Dass auch der ältere Mann den jugendlichen Freund hochschätzte, ergiebt sich u. a. daraus, dafs Stöfflers 'elucidatio fabricae ususque astrolabii' (Oppenheym 1513) mit lateinischen Versen aus der Feder Melanchthons gedruckt wurde[3]. Gerne half er dem strebsamen jungen Gelehrten bei dem Studium solcher Schriftsteller, die astronomische Kenntnisse verlangten, wie bei Hesiod und Aratus. Die Übertragung des letzteren in lateinischen Versen scheint Melanchthon auf Stöfflers Anregung angefertigt zu haben[4]. Manchen kernigen Ausspruch des alten Professors hat Melanchthon in seinem Gedächtnis aufbewahrt und später seinen Wittenberger Zuhörern mitgeteilt[5].

Melanchthon war aber in Tübingen nicht blofs Student, er war nach dem damaligen Brauch unserer Hochschulen auch Lehrer. Unter seinen Schülern scheint er neben Bernardus Maurus keinen lieber gehabt zu haben als Kaspar Kurrer aus Schorndorf, der unter seiner Leitung lateinische Übersetzungen griechischer Schriftsteller anfertigte[6]. Es war eine Auszeichnung für den Schüler, dafs Melanchthon zum Schlufs seiner Rede eine von Kurrer verfafste lateinische Übersetzung einer Lukianstelle benutzte[7].

Vergleicht man die Darstellungsweise dieser Rede mit den

---

[1] Vgl. K. Steiff, Der erste Buchdruck in Tübingen. Tübingen 1881 S. 55–79.
[2] H. M. S. 37. Die Dedikationsepistel CR. I, 16.
[3] F. W. E. Roth im Beiheft 4 (S. 9) zum Centralblatt f. Bibliothekswesen.
[4] CR. I, 16. Reste dieser Übersetzung CR. XIX 271.
[5] Vgl. Manlius Loc. commun. 75. 294. 376. (CR. XI 532.)
[6] Vgl. noch CR. XVII 1124 ff.
[7] Vgl. ferner K. Steiff, Der erste Buchdruck etc. S. 141 ff. 151 ff. 176 u. f. 241. 242. 247.

späteren. so ist der grofse Unterschied unbestreitbar. Wir besitzen von Melanchthon keine zweite Declamatio in dieser Form. Sie erinnert vielfach an die blumenreichen Gedichte seiner Jünglingszeit: es fehlt ihr die edle Einfachheit, in welcher Melanchthon selbst später das höchste Ziel seiner Schriftstellerei sah. Die Rede verrät überall eine Neigung zur pointierten und pikanten Schreibweise, welche manchen späteren römischen Schriftstellern des ersten und zweiten Jahrhunderts eigen war und welche dann wieder das Vorbild für Politian wurde. Hat Melanchthon später doch selbst beklagt, dafs er aus Mangel an guter Leitung an solchen Mustern sich gebildet habe[1].

Immerhin aber bleibt diese erste auf uns gekommene Rede des noch nicht 20 Jahre alten Melanchthon eine eigentümliche Leistung. Er behandelt zwar ein echtes Humanistenthema, gewinnt ihm aber trotzdem eine neue Seite ab. Er bekennt sich durch den Inhalt zur vielgeschmähten 'Zunft der Poeten', aber er ist kein Humanist wie Petrus Luder oder Ulrich von Hutten. Ausdrücklich nimmt er sich etwas der damals viel befehdeten Scholastik an. Seine jugendliche Art macht sich geltend in dem Streben nach einer ungewöhnlichen Ausdrucksweise. Aber zugleich macht diese Rede seinem Herzen alle Ehre: er widmet sie dankbaren Gemütes seinem hochverehrten Lehrer Stöffler, dessen Lob er auch in der Rede selbst verkündet, und giebt am Schlusse einem geliebten Schüler Gelegenheit, unter dem schützenden Flügel des Lehrers einem weiteren Kreise bekannt zu werden. Nicht eine Silbe verrät uns, dafs wir den treuesten Gefährten Luthers in späterer Zeit vor uns haben. Die ganze Gedankenwelt der Reformation hat sich dem Tübinger Magister erst später erschlossen[2].

---

[1] CR. IV 715. (Vgl. auch XIII 496. 503.)
[2] Chytraeus Orat. p. 503 bezieht das bekannte, sehr günstig lautende Urteil des Erasmus über den jugendlichen Melanchthon (vgl. CR. XXVIII. Ann. 1515. p. 5 u. 6) auf unsere Rede. Da aber dieses Urteil schon aus dem Jahre 1515 stammen soll, so entstehen die wichtigsten chronologischen Bedenken.

2. **De corrigendis adulescentiae studiis.** Es ist die berühmt gewordene Antrittsrede, mit welcher Melanchthon seine Wittenberger Vorlesungen eröffnete[1]. Den 25. August 1518 war der neuberufene Lehrer des Griechischen durch Wittenbergs Thore eingeritten. Manche scheinen von dem kleinen, schmächtigen Gelehrten mit dem bescheidenen Wesen, der noch etwas stotterte und fast wie ein Knabe aussah, nicht viel erwartet zu haben. Der Erfolg war jedoch durchschlagend. 'Melanchthon hat am vierten Tage nach seiner Ankunft eine grundgelehrte und vollendet schöne Rede gehalten, durch die er sich die allgemeine Gunst und Bewunderung in so hohem Grade erwarb, daſs Du schon nicht mehr daran zu denken brauchst, wie Du ihn uns empfiehlst.' So schreibt Luther, der vermutlich mit unter den Zuhörern gesessen hat, an Spalatin[2].

Während sonst sich Melanchthon selten genug that (fast beständig klagt er sich wegen der Beschaffenheit auch seiner gefeiertsten Schriften an), war er dieses Mal mit seiner Leistung nicht übel zufrieden. Er versprach sich von der Verbreitung seiner Rede eine Erhöhung von Wittenbergs Ansehen[3].

Vermutlich auf Drängen der Freunde entschloſs sich Melanchthon, die Rede drucken zu lassen. Im Oktober kann er Freund Spalatin schreiben, sie sei schon im Drucke. Er bedauert, daſs Spalatin sie nicht vorher nochmals durchsehen konnte. Doch hofft er auf einen baldigen zweiten Abdruck. Noch im gleichen Jahr 1518 verlieſs sie die Presse Johannes Grünenbergs. Der Druck ist nichts weniger als schön, die griechischen Stellen sind ohne Accente und die hebräischen Citate kaum leserlich und ohne Masora.

Auf der Rückseite des Titelblattes empfahl der Pommer Johannes von Osten, Kanonikus von Kammin, welcher damals in Wittenberg studierte, in sechs lateinischen Distichen Melanchthon als wissenschaftlichen Führer der akademischen

---

[1] Schmidt, Melanchthon S. 29 ff. Köstlin, M. Luther I². 214. Kolde, M. Luther I. 168 ff.
[2] Enders, Luthers Briefwechsel. Frankf. a. M. 1884. I, 221. 227. 257. Erasmus CR I. 72. Anm. **.
[3] CR. I. 52. Über den Druck ebenda.

Jugend Wittenbergs. Die Rede selbst widmete Melanchthon dem 'frommen und gelehrten' Otto Beckmann, welcher früher die humanistischen Wissenschaften an der Hochschule vertreten hatte, jetzt Lehrer der Rechtsgelehrsamkeit war und zu dem engsten Freundeskreis Luthers gehörte[1]. Er war wohl mit Melanchthon in der Verwerfung der bisherigen scholastischen Bildungsweise einig, wovon auch das kurze Widmungsschreiben handelt.

Am Schlusse der Schrift steht ein kleines griechisches Gedicht 'an den verehrungswürdigen Vater Martin Luther', den 'frommen Theologen', der in schwungvollen Wendungen gefeiert ist als 'Auserwählter', als 'gottbegeisterter Bote der Weisheit', als 'Chorführer der Wahrheit'.

Die Rede enthält das Programm der akademischen Thätigkeit Melanchthons, ja seiner ganzen Lebensaufgabe, wie der 21 jährige Gelehrte sich dieselbe dachte. Im Gegensatz zu der zahmeren Tübinger Rede bekennt er sich in starken Wendungen als Feind der Scholastik, die ja nicht blofs ein theologisches, sondern auch ein allgemein wissenschaftliches und philosophisches System war. Die entartete Grammatik des sinkenden Mittelalters wird in den schärfsten Ausdrücken verworfen. An ihrer Stelle empfiehlt er zweierlei als Bildungsmittel: zunächst die sprachlichen Altertumsstudien, das Studium der 'Quellen', zu denen Philosophen, Dichter und Geschichtschreiber gehören. Bezeichnend für ihn ist die Behauptung, dafs Lateiner und Griechen unzertrennlich zusammengehören, dafs das Studium der Lateiner nur in Verbindung mit den Griechen von rechtem Wert ist. Der ältere deutsche Humanismus hatte von den Griechen nur insoweit Kenntnis, als man dieselbe aus den Römern schöpfen konnte.

Ein zweiter Hauptgedanke der Rede tritt erst gegen deren Ende hervor. Mit dem Studium der 'Quellen' für die Wissenschaft will er die 'Quellen' des religiösen Lebens verbinden, d. h. das Studium der heiligen Schrift. Mit den poetischen

---

[1] CR. I. 53 u. 54. De Wette I. 60, 63. 161. 375. Beckmann hatte schon 1510 eine lateinische Rede zum Lob der Philosophie und humanistischen Wissenschaften gehalten. Vgl. K. Schmidt, Wittenberg unter Kurfürst Friedrich d. Weisen. Erlangen 1877. S. 56.

Wendungen des hohen Liedes im alten Testamente und den bezeichnenden Ausdrücken der paulinischen Theologie vom alten und neuen Adam' schildert er das religiöse Ziel, dem alle Sprachwissenschaft dient, das 'Christum schmecken', das Erfülltwerden von dem köstlichen 'Nektar göttlicher Weisheit', welche zu einer sittlichen Umgestaltung des Herzens führen.

Was diese Worte gerade an dieser Stelle bedeuteten, war den Hörern wie später den Lesern der Rede alsbald klar: der Humanist Melanchthon stellte sich an die Seite des Theologen Luther. Die Wissenschaftlichkeit des Humanismus ging einen innigen Bund ein mit der paulinischen Theologie des grofsen Reformators. So hat auch Luther selbst die Worte aufgefafst; von da an verbindet die beiden Männer ein Band der Freundschaft, das erst der Tod gelöst hat.

Melanchthon aber hatte als 21 jähriger Jüngling die Aufgabe seines Lebens begriffen, die Vereinigung des humanistischen Studiums mit der Theologie Luthers. Bezeichnend dafür bleibt, dafs er bald nachher auf Betreiben Luthers zu seiner griechischen Professur auch eine theologische annehmen mufs, fast gegen seinen Willen. Bis zum Ende seines Lebens hat er sodann diese zwei Lehrstellen bekleidet, Reformator und Humanist in einer Person.

Auch in der Form zeigt diese Rede einen Fortschritt gegen die Tübinger. Die Sprache ist klarer und einfacher. Die gesuchten Anspielungen, welche das Verständnis der ersten Rede oft sehr erschweren, fehlen fast ganz. An passenden Citaten ist auch hier kein Mangel.

Es bleibt eine bemerkenswerte Thatsache, dafs diese Rede in Deutschland nur viermal einzeln gedruckt worden ist, während sie in Frankreich sechsmal aufgelegt wurde.

---

3. Eloquentiae encomium. Diese Rede Melanchthons ist ebenso charakteristisch wie die Wittenberger Antrittsrede. Die 'Eloquenz' war das bezeichnende Schlagwort für 'humanistische Bildung', das Ziel, welchem die ganze Pädagogik der Humanisten zustrebte. Den Inhalt der Eloquenz be-

zeichnen sie mit 'meliores litterae' oder 'bonae litterae', auch gelegentlich mit 'humanae litterae'.

Der Begriff Eloquentia stammt aus dem Altertum. Nachdem Cicero ihn durch Beschreibung zu verdeutlichen gesucht, hatte ihm Quintilian die begriffliche und handliche Form gegeben, in welcher er Schule machte. Schon Agricola und Erasmus eigneten sich denselben an, und wesentlich durch sie wurde er auch mafsgebend für Melanchthon[1]. 'Eloquenz' ist umfassender als 'Beredsamkeit', die nur ein Teil der 'Eloquenz' ist. Sie ist die alles geistige Vermögen umfassende Bildung, Wissen und Können, Gelehrsamkeit und Urteilsfähigkeit in sich schliefsend, gelegentlich von Melanchthon auch durch 'eruditio' ersetzt. Bezeichnend für Melanchthon bleibt sodann der Umstand, dafs er noch die religiöse Seite hinzufügte. 'Eloquenz' ist ihm schliefslich die Vereinigung der humanistischen Bildung mit der Frömmigkeit in der Form, wie sie Luther lehrte. Das zeigt gerade der zweite Teil unserer Rede.

Dieselbe ist zugleich ein Beweis, dafs es viele Gegner dieser Bildungsart gab. Nicht blofs, dafs man die nährenden und gewinnversprechenden Wissenschaften der Jurisprudenz und Medizin mehr empfahl, selbst manche Theologen redeten geringschätzig von ihr[2]. Unsere Rede ist ein Versuch, diese Vorurteile zu widerlegen.

Melanchthon widmete die erste Ausgabe Simon Grynaeus aus Veringen, der ebenfalls, wie Melanchthon, die Pforzheimer Lateinschule unter Georg Simler besucht hatte und durch seine ausgezeichnete Kenntnis des Lateinischen, Griechischen und Hebräischen schon bei den Zeitgenossen hohes Ansehen genofs. Nach einem mehrjährigen Aufenthalt in Wien und Ofen war er nach Wittenberg gekommen[3], woselbst er die alte Freundschaft mit Melanchthon erneuerte und mit

---

[1] H. M. S. 327 ff.
[2] Vgl. Kolde, M. Luther, Gotha 1889. II, 135.
[3] Den 17. April 1522 ist er in das Album der Universität eingetragen als: Simon Griner Alpen. Magister Wiennen. Er hatte also in Wien sein Magisterexamen gemacht. Foerstemann, Album acad. Viteberg. Lips. 1841. S. 116.

Luther bekannt wurde. Wie hoch ihn die Wittenberger Freunde schätzten, beweist am besten diese Widmung. Grynaeus habe eine 'unglaubliche Liebe zu den besseren Wissenschaften'; man erwarte deshalb auch, dafs durch sein Beispiel sich manche für die Humaniora gewinnen lassen, zu einer Zeit, wo dieselben unter Geringschätzung und Teilnahmslosigkeit zu leiden haben[1].

Unsere Rede ist ein Beweis, wie Melanchthon auf dem Wege der Verbesserung seines Stils durch Streben nach Klarheit und Einfachheit weitere Fortschritte gemacht hat. Er behandelte ein gleiches oder ähnliches Thema auch in manchen späteren Deklamationen, wie: De studiis adulescentum, De studio linguarum, De utilitate studiorum eloquentiae, De studiis litterarum non deserendis, De studiis linguae Graecae, De cura recte loquendi u. a.[2]

4. In laudem novae scholae. Es ist das die Rede, mit welcher Melanchthon am Mittwoch, den 23. Mai 1526 die sogenannte 'obere Schule' zu Nürnberg, eine Art von höherer Humanistenschule, eröffnete[3].

Die Vorbereitungen für Gründung dieser Anstalt hatten mehrere Jahre gedauert. Schon den 17. Oktober 1524 hatte der Rat von Nürnberg den Beschlufs gefafst, Melanchthon aufzufordern, 'dafs er sich mit seinem Anwesen her gen Nürnberg thun wollt', um mit seiner 'übermassen Schicklichkeit und Kunst der Stadt Kinder zu lernen'. Aus mancherlei Gründen hatte Melanchthon den ehrenden Antrag abgelehnt und war in Wittenberg geblieben. Trotzdem aber that er, was in seiner Kraft stand, um die geplante Schule ins Leben zu rufen. Zunächst warb er geeignete Lehrer. Sigmund Gelenius in Basel, ein ausgezeichneter Philologe, und der Mathematiker Kaspar Borner in Leipzig schlugen die Anträge für Nürnberg aus[4]. Als Leiter wurde berufen Melanchthons

[1] CR. I. 645. Über Grynäus vgl. R. Thommen, Gesch. d. Univers. Basel. S. 109—113.
[2] CR. XI. 181. 231. 364. 811. 855; XII. 213.
[3] Die Litteratur über diese Schule bei H. M. S. 431 ff., 501 ff.
[4] Über Gelenius aus Prag vgl. Bursian, Gesch. d. klass. Philologie

liebster Freund und Schüler, Joachim Camerarius, ein Gelehrter mit ausgezeichneter humanistischer Bildung, vielleicht der bedeutendste Gräcist, welchen Deutschland im 16. Jahrhundert hervorgebracht hat, sodann der Hesse Helius Eobanus Hessus, der allzeit fröhliche lateinische Poet, einst das gefeierte Haupt des Erfurter Humanistenkreises, der Franke Michael Roting, von den Freunden im traulichen Verkehr als Mica bezeichnet, durch Kenntnisse und Charakter gleich ausgezeichnet, ferner Johann Schöner aus Karlstadt, ein vortrefflicher Mathematiker, und schliefslich der unstäte Johann Böschenstein aus Efslingen für das Hebräische[1].

Auch den Plan für die 'obere Schule' dürfte Melanchthon gemacht haben. Die 'Ratio scholae Norembergae nuper institutae' aus dem Jahre 1526 ist zwar anonym erschienen, aber Inhalt und Form derselben tragen den Stempel Melanchthonschen Ursprungs unverkennbar an sich[2]. Danach sollte diese Anstalt eine Art höherer Schule gegenüber den vier in der Stadt vorhandenen Latein- oder Trivialschulen sein. An ihr wurden die Gegenstände gelehrt, welche sonst in der Artistenfakultät einer Hochschule vorgetragen wurden.

Unter den Zuhörern, welche auf Melanchthons kurze Rede lauschten, waren neben anderen angesehenen Männern aus Nürnberg fast alle Mitglieder des städtischen Rats. Die Senatoren der Reichsstadt hörten jedenfalls mit Vergnügen den anmutenden Vergleich, welchen der gefeierte Wittenberger Gelehrte zwischen ihrer Vaterstadt und dem stolzen Florenz, dem Wohnsitze der Musen in Italien, machte[3].

---

in Deutschland. München u. Leipzig 1883. I. 152 u. 153. Über Borner vgl. Camerarius Vita Melanchth. ed. Strobel p. 261.

[1] H. W. Heerwagen, Zur Geschichte d. Nürnberger Gelehrtenschulen. Nürnberg. Prog. 1860. S. 21. C. Krause, Hel. Eobanus Hessus. Gotha 1879. II. 11 ff.

[2] Von Heerwagen wieder aufgefunden und abgedruckt. Vgl. a. a. O. S. 28 ff. und 36 ff.

[3] Auch sonst hat Melanchthon die Stadt Nürnberg mit hohem Lobe bedacht. Vgl. G. Th. Strobel, Miscell. Litter. Inhalts. V. 1781. S. 152.

5. **De miseriis paedagogorum.** Mehrere Stellen dieser Rede beweisen, daſs Melanchthon sie nicht für sich, sondern für einen andern geschrieben hat. Der Vortragende hat als Knabenlehrer herbe Erfahrungen gesammelt; ja er macht schon durch seine äuſsere Erscheinung den Eindruck der Dürftigkeit. Obgleich nun Melanchthon selbst zu verschiedenen Zeiten Knaben unterrichtet hat, als Heidelberger Student die beiden Herren von Löwenstein, als Tübinger Magister die jungen Artisten, selbst noch als Wittenberger Professor die Mitglieder seiner Schola privata[1], so konnte er doch unmöglich auf seine Magerkeit und seine dürftige Kleidung hinweisen, um damit das Elend des Lehrerstandes ad oculos zu demonstrieren[2]. Die Rede dürfte also eine der vielen akademischen Gelegenheitsreden Melanchthons sein, die er für einen Baccalaureanden oder Magistranden angefertigt hat.

Das Thema ist nicht neu. Schon Eberhard von Bethune hatte um 1212 ein lateinisches Gedicht geschrieben 'De miseriis rectorum scholarum', das auch unter dem Namen 'Labyrinthus' oder 'Laborintus' bekannt ist[3]. Aber eine Vergleichung desselben zeigt, daſs Melanchthon trotz des ähnlichen Themas und mancher sachlichen Parallelen weder im Inhalt noch in der Form von Eberhard abhängig ist, wenn er überhaupt dessen Werk gekannt hat.

Es ist ein düsteres Bild, welches diese Rede vom Lehrerberuf des 16. Jahrhunderts entwirft. Wenn wir an gewisse hell gemalte Bilder des Schulwesens am Ende des 15. und Anfang des 16. Jahrhunderts denken, so läſst sich nicht leugnen, daſs wir hier das direkte Gegenbild vor uns haben. Dort alles schön und befriedigend, hier alles düster und unbehaglich. Wer will beweisen, daſs Melanchthon hier nicht die Wirklichkeit mit ihrem ganzen abstoſsenden Schuljammer gezeichnet hat! Wer selbst Lehrer ist, weiſs, daſs manche

---

H. M. S. 3', 43, 401 ff.

 Vgl. S. 56.

 Über Eberhard v. B. vgl. Böcking im Index onomast. (Hutteni opp. suppl. II, 1, 300) Das Gedicht selbst ist abgedruckt bei Polyc. Leyser, Historia poet. et poemat. med. aevi. Hal. Magdeb. 1721. S. 796. 824.

Einzelheiten, die Melanchthon anführt, auch von der Schule
und der Stellung der Lehrer im 19. Jahrhundert gesagt
werden können, kaum dafs ein Wort zu verändern ist. Dennoch
giebt diese Rede kein richtiges Bild der Ansichten,
welche Melanchthon von Schule und Lehrerberuf hatte. Wer
blofs diese Declamatio liest, der könnte glauben, dafs
Melanchthon in der Schule eine Art geistiger Folterkammer
für den Lehrer, im Lehrerberuf eine Art von gebildetem
Bettlertum sieht. Aber er hat neben den 'Miseriae paedagogorum'
auch eine 'Laus vitae scholasticae' geschrieben. Wiederholt
hebt er hervor, dafs die Schulen für Kirche und Staat
gleich notwendig, dafs sie der schönste Schmuck und die
edelste Zier eines staatlichen oder städtischen Gemeinwesens
sind. 'Nondum est absoluta civitas, nisi aliud maius bonum
accedat, videlicet ecclesia bene constituta et schola, ubi inventuti
cum ceteris bonis artibus doctrina religionis diligenter
tradatur: hoc est summum decus civitatum'[1]. Bezüglich der
Lehrer meint Melanchthon, dafs sie sich mehr als sonst jemand
um den Staat verdient machten. Der Lehrerberuf ist ihm
etwas Heiliges, etwas wahrhaft Göttliches[2].

Bibliographie.[3]

Umfangreichere Sammlungen der Declamationes[4]:

1) Hagenau, Secerius 1525. 8⁰ bis Eciiij. (Freiburg, München)[5]
Vgl. H. M. S. 584 nr. 99.

2) Hagenau, officina Kobiana 1533. 8⁰ bis Qvij. (Erfurt, Nürnberg, Upsala.) Vgl. H. M. S. 597 nr. 211.

---

[1] CR. III, 464.
[2] CR. XI, 3)2.
[3] Einen Teil der folgenden Angaben über die Gesamtausgaben mufste ich wegen der Seltenheit einzelner dieser Schriften Bindseils Angaben (CR. X. 679–688) entnehmen, der sich selbst wiederum teilweise auf Strobel (Miscellaneen Literarischen Inhalts. V. 133 ff.) stützt. Andererseits konnte ich auch einiges zur Vervollständigung hinzufügen.
[4] Kleinere Sammlungen sind verzeichnet H. M. S. 577 ff. nr. 25, 121, 191, 231, 285, 311.
[5] Der Drucker Setzer, welcher mit den Wittenbergern in Verbindung stand, hatte die Anshelmsche Druckerei in Hagenau erworben. Vgl. K. Steiff, Der erste Buchdruck S. 12, 25, 138.

3) Strafsburg. Mylius 1541. 1° 862 S. (Berlin. Freiburg.) Vgl. H. M. nr. 317. Am Anfang des Bandes steht ein Schreiben des Nikolaus Gerbel an Jakob Milich, datiert Strafsburg den 1. Januar 1541, welches Auskunft über das Zustandekommen der Sammlung giebt[1]. Danach ist der eigentliche Herausgeber der Declamationes Nikolaus Gerbel aus Pforzheim. Vermutlich auf der ausgezeichneten Lateinschule seiner Vaterstadt, aus der auch Reuchlin und Melanchthon hervorgegangen waren, vorgebildet, hatte er seine Studien in Köln, Tübingen, unter Konrad Celtis in Wien und in Italien gemacht. Sodann liefs er sich in Strafsburg nieder, wo er als Korrektor in Druckereien, als Rechtsanwalt und Lehrer thätig war. Dem Zuge der Zeit folgend, machte er auch die Entwickelung vom Humanismus zur Reformation mit. Obgleich im fernen Strafsburg wohnend, blieb er in dauernder Verbindung mit Luther, Melanchthon und anderen Lehrern Wittenbergs[2]. Jakob Milich aus Freiburg i. B., woselbst er 1501 geboren und 1520 Magister der freien Künste geworden, hatte in seiner Vaterstadt, in Wien und Wittenberg studiert. Er wurde Melanchthons Kollege und durfte sich seiner vertrauten Freundschaft erfreuen. Ohne Zweifel hat er die lateinischen Reden, welche er nach Strafsburg schickte, von Melanchthon selbst erhalten[3].

4) a. Bd. 1. Strafsburg. Mylius 1544. 8°. (Freiburg.)[4]. Vgl. H. M. nr. 366. Von diesem Bande giebt es Ausgaben von 1546, 1555, 1558, 1559, 1564 und 1569.[5]

b. Bd. 2. Strafsburg. Mylius 1544. 8°. (Freiburg.) Vgl. H. M. nr. 366. Eine weitere Ausgabe aus dem Jahre 1558 am Schlufs durch einen Index vermehrt[6], und 1546 (Berlin).

c. Bd. 3. Erfurt, Sturmer 1551, vermutlich von Johannes Aurifaber gesammelt; im gleichen Jahre eine Ausgabe Basel, Herwag, und da diese Melanchthon nicht zu genügen schienen, eine dritte Ausgabe Strafsburg, Oporinus 1557, unter der

---

[1] Wieder abgedruckt CR. X, 679. — Übrigens ist die Ausgabe durch manche Fehler entstellt. Vgl. auch Theod. Muther, Ph. Melanthonis De legibus oratio. Edit. II. Vimar. 1869. p. VIII.

[2] Ad. Büchle, Der Humanist Nikolaus Gerbel aus Pforzheim. Durlach 1886. Progr.; S. 21 eine Übersicht seines Briefwechsels.

[3] Vgl. Schreiber, Gesch. d. Universität Freiburg. Freiburg 1859. II. 3. — Im Jahre 1536 reiste Milich mit M. nach Süddeutschland. Vgl. Kraft. Briefe u. Dokumente etc. S. 77. Eine grofse Anzahl Briefe M.s an Milich steht im CR. Letzterer starb 1559. Vgl. Camerarius, Vita Mel. ed. Strobel. p. 159.

[4] Bindseil hat diese Ausgabe nicht gesehen. CR. X, 681.

[5] Eine genaue Angabe des Titelblattes des Wiederdruckes vom Jahre 1564 findet sich bei Muther a. a. O. p. VIII u. IX. Vgl. dazu CR. XVII. 642.

[6] Vgl. CR. X. 683 f.

Leitung Kaspar Peucers; Neudrucke davon Strafsburg 1562 (Berlin) und 1564 (Berlin).

d. Bd. 4. Strafsburg 1558, ebenfalls von Kaspar Peucer geleitet. Peucer, der ihn Ulrich Mordeisen, dem sächsischen Rat, widmete, hebt hervor, dafs diese Reden zeigten, wie ungerecht der von Gegnern Melanchthons erhobene Vorwurf sei, die Wittenberger Lehre sei nicht mehr rein. Dieser Band wurde 1560 und 1566 zu Strafsburg von neuem gedruckt.

e. Bd. 5. Wittenberg 1565 (Berlin), gesammelt von Michael Maius aus Nürnberg, damals zu Wittenberg, erschien unter dem Titel 'Orationes postremae' ohne Angabe der Stellung zur gesamten Ausgabe; als Tomus V. ist der Band erst in dem Wittenberg 1572 erschienenen Neudruck bezeichnet (Berlin). Ein weiterer Neudruck Wittenberg 1590 (Berlin).

f. Bd. 6. Wittenberg 1571; Herausgeber ist wieder Maius.

g. Bd. 7. Zerbst. Faber 1586, herausgegeben vom Görlitzer Rektor Martinus Mylius.

5) Editio Servestana, ein wörtlicher Nachdruck der vier ersten Bände von nr. 4; Bd. 1^1—3 Zerbst, Faber 1587, Bd. 4. 1586.

6) Editio Richardiana, so genannt nach dem Herausgeber Richardius, einem Schüler K. Peucers, dessen Ausgabe die vier ersten Bände der Ausgabe 4. nach Stoffen ordnete:

a. Bd. 1. (Tomus philosophicus). Strafsburg. Richelius. 8^0. 788 S. (Freiburg.)[2]

b. Bd. 2. (medicus ac iuridicus). Ibid. 8^0. 874 S.

c. Bd. 3. (theologicus). Ibid. 8^0. 860 S.

Die Ausgabe hat keine Jahreszahl; da aber die drei Dedikationsepisteln von 1570 datiert sind, so darf dieses Jahr als das Jahr der Publikation angesehen werden.

7) Wittenberg 1822 (Auswahl von F. T. Friedemann) Bd. 1. (Fortsetzung nicht erschienen).

8) Corpus Reformatorum XI und XII, 1—392, noch von K. G. Bretschneider allein besorgt, giebt die Reden in chronologischer Folge, ohne jegliche Anmerkung. Das Verzeichnis der Titel im Indexband (1860) S. 371—374.

Verschiedene Melanchthonsche Declamationes sind auch ins Deutsche übersetzt worden. In Berlin (Xg 10 420) befindet sich ein Sammelband, der sieben Einzelschriften dieser Art enthält, die aber — das läfst sich der Druckeinrichtung der ersten, 'Zwo schöne treffliche vnnd herrliche Orationes von Hertzog Friderichen, vnd Hertzog Johansen ...'. entnehmen, die im Gegensatz zu den übrigen bei sonst völliger Übereinstimmung Rot- und Schwarzdruck verwendet — wohl nicht

---

[1] Vgl. dazu I. W. Blaufus, Vermischte Beiträge. Jena 1753. S. 354.
[2] Vgl. dazu die Angaben CR. XVII, 641 ff.

nur einzeln, sondern auch zusammen ausgegeben sind [1]. Aufser den genannten sind es die Declamationes von Kaiser Otto dem Ersten, von Kaiser Sigismund, von Friedrich Barbarossa, von Landgraf Friedrich von Thüringen, von Kaiser Konrad (die Weiber von Weinsberg) und von Herzog Ernst von Braunschweig-Lüneburg. Der Übersetzer ist der Mansfeldsche Kanzler Georg Lauterbeck. Drucker sind Georg Rabe und Weygand Hans Erben zu Frankfurt a. M. als Erscheinungsjahr ist bei der vierten Schrift 1562, sonst 1563 angegeben.

Bibliographie der Auswahl.

I. 1) De arti bus libera libus oratio a Philippo Melanchtho ne Tubingae habita. Νάσκαρος ὁ Κονρρήριος Δεῦτε νέοι σπονδαζόμενοι, καὶ ταῦτα ποιεῖτε παίγνια τῶν μουσῶν. ὁ γλέζες ἐστιν ἀγών. Umgeben von Ornamentleisten. Auf der Rückseite des Titelblattes die Dedikationsepistel: 'Egregia virtute viro Ioanni Stoffler Instingensi Mathematum professori Philippus Melanchthon S. D.' Am Ende der Rede stehen 12 griechische Verse aus dem Hymnus des Orpheus auf die Musen mit einer lateinischen Übersetzung Kurrers. Schlufsschrift: Ex Charisio Thomae Anshelmi Mense Iulio [2]. 10 Bll. in 4°, die Rückseite des letzten unbedruckt. (Freiburg, St. Gallen Vadiana.) 2) Wieder abgedruckt in den Sammlungen: 3; 4a; 5 (Bd. 1); 6a.

II. 1) Philippi Melanchthonis sermo habitus apud in- ventutem academiae Wittemberg. de cor- rigendis adu- lescentiae studiis. Auf der Rückseite des Titelblattes sechs lateinische Distichen, überschrieben: IO: DE OS: Pomeranus eques Iunentuti Saxonicês. Auf dem zweiten Blatte das Widmungsschreiben: 'Eximia pietate ac doctrina viro. Dño Othoni Beckman Jurisc: Canonico Vnitteburg. Philippus Melanchthon Sal: D., datiert: Vnitteberge Mense Octobri. Anno M.D.XVIII. Am Ende, auf der Rückseite von Blatt 7. steht ein griechisches Gedicht ohne Accente: Ad venerabilem patrem Martinum Luther vere

---

[1] Zudem sind die — nicht uninteressanten — Vorreden des Übersetzers alle von einem Tage. Mansfeld 28. September 1562, datiert; nur der fünfte Druck trägt unter der Einleitung das Datum Leipzig, 27. April 1562.

[2] Vgl. K. Steiff. Der erste Buchdruck in Tübingen. S. 218 u. 242. welcher das Jahr 1518 als Druckjahr annimmt. [Die Herausgeber der LLD. erlauben sich — abweichend von ihrer Gewohnheit, ihre redaktionelle Mitarbeit für die Drucklegung nicht kenntlich zu machen — hier anzumerken, dafs das Berliner Exemplar der editio princeps (Xg 10 372 Steiffs Ansicht zu widerlegen ermöglicht; auf dem Titelblatt findet sich nämlich von einer Hand des 16. Jhts. der Vermerk '3: ɟ. budari Anno. 1517. Damit ist zugleich erwiesen, dafs die Declamatio spätestens im Jahre 1516 vorgetragen ist.]

[3] Johannes von der Osten, Kanonikus aus Kammin in Pommern

pium theologum Philipp. Mel. Auf der Vorderseite des achten Blattes steht: Vuittenburgij in officina Ioannis Grunenbergij. Anno. M.D.XVIII. Darunter das Signet Grünenbergs mit den verschlungenen Buchstaben J und G. Die Rückseite des achten Blattes ist leer[1]. 4⁰. 8 Bll. (Berlin. München)[2]. 2) Ph. M. de arte dicendi declamatio. De corrigendis studiis sermo. Rodolphi Agricolae de formandis studiis epistola doctissima. Luciani in Calumniam oratio. Latine reddita a Melanchthone. Item Luciani opusculum ad indoctum et multos libros ementem. Haganoa per Johan. Secerium. s. a. (Heidelberg. Freiburg.) 3) Phil. M. sermo de corrigendis adolescentiae studiis. Rud. Agricola de studior. omnium colluvie. Basil. Frob. Jan. 1519. 4⁰. 26 S.[3] 4) In 'Elegantissima quaedam opuscula a Philippo Melanchthone Brettano edita'. Hagenau Anshelm. 1519. 8⁰. (CR. I, 52; X, 480.) 5) Paris. Rob. Stephan. 1527. 8". 20 S.[4] 6) Paris. 1529. 8⁰. 7) Lyon. 1531. 8⁰. 8) Paris. Stephan. 1534. 8⁰. (vgl. V. 2.) 9) Paris. Stephan. 1537. 8⁰. 19 S. (vgl. V. 3.) 10) Lyon. Gryphius. 1541. 8⁰. 11) Basel Oporinus. 1556. 12⁰. 12) Wieder abgedruckt in den Sammlungen: 3: 4a: 5 (Bd. 1); 6a; Basel. opp V. 1.

III. 1) Necessarias esse ad|omne studiorum genus arte dicendi. Philippi Melan chthonis Declamatio. Item. Luciani opusculum ad indo ctum et multos libros ementem. Ex Foelicissima Hagenoa per Iohann. Secerium. Der Titel ist von Ornamentleisten umgeben. Auf dem zweiten Blatt (A ij) die Dedikationsepistel: Simoni Gryneo suo Phil. Mel. S. — Vitembergae (wieder abgedruckt CR. I. 645). Der Titel über der Declamatio lautet: De studio artium dicendi Phil. Mel. Declamatio: dagegen steht oben an den Zeilen: Eloquentiae Encomium. Am Schlufs das Druckerzeichen des Secerius. eine Janusgestalt mit einem Schlüssel. 8⁰ bis E iiij. (Freiburg.) 2) Necessarias esse ad omne studiorum genus artes dicendi. Phil. Melanchthonis declamatio. Item Luciani opusculum ad indoctum et

---

[1]) Die Beigaben CR. I, 58; 52 f; X, 480 nr. 7 (fehlerhaft).

[2]) Vgl. auch G. Th. Strobel. Neue Beyträge. Nürnberg u. Altdorf 1793. 1V, 77.

[3]) In welchem Verhältnis diese Ausgabe zu nr. 2 steht. ob sie ein blofser Nachdruck ist. kann ich nicht sagen, da ich sie nicht gesehen habe. Ich entnehme den Titel aus Stockmeyer u. Reber, Basler Buchdruckergesch. Basel. 1840. S. 105 und Verzeichnis d. Manuskripte u. Incunabeln d. Vadianischen Bibliothek S. 278. nr. 950a. Schon den 13. März 1519 schickte Melanchthon diesen Basler Nachdruck seinem Freunde Spalatin: CR. I. 75.

[4]) Die Ausgaben nr. 5—11, von denen ich keine gesehen habe, die in Deutschland sehr selten zu sein scheinen. befinden sich in verschiedenen französischen Bibliotheken, welche bei (Buisson) Répertoire des ouvrages pédagogiques du XVIe siècle. Paris. 1886. S. 433 u. 435 nachgewiesen sind.

multos libros ementem. Vertit Anastasius Q.[1] — Ex foelicissima Hagenoa per Ioh. Secerium. An. MDXXIII. 8⁰.[2] (Cf. H. M. nr. 64.) 3) Vgl. nr. II. 2. 4) Conten- ta in hocce libello. Eloquentiae en comium. autore Phi lippo Melanchthone. De Primis apud rhetorem exercita tionibus praeceptiones. autore Petro Mosel etc. Cöln. Soter. 1525. 89 Bll. 8⁰. (München, Halle.) 5) Cöln. Soter. 1525. Mit dem Titel: Eloquentiae encomium. 14 Bll. 8⁰.[3] 6) De arte dicendi declamatio. Paris. Stephan. 1527. 8⁰. 24 Bll.[4] 7) Venetiis. 1528[5]. 8) De studio artium dicendi. De locis communibus ratio. S. l. 1537. 8⁰.[6] 9) Bernae, Samuel Apiarius. 1556. 8⁰.[7] 10) De corrigendis studiis. De studio artium dicendi. De locis communibus. Basel, Oporinus. 1556. 12⁰.[8] 11) De arte dicendi declamatio. S. l. e. a. 12⁰.[9] 12) Wieder abgedruckt in den Sammlungen: 3: 4a; 5 (Bd. 1); 6a; bei Hardt. Sipphara Babyloniae etc. S. 91—126: CR. XI. 50.

IV. 1) In der Sammlung 4a. 442—451. 2) Wieder abgedruckt in den Sammlungen 5 (Bd. 1.) und 6a; ferner in Joh. Saubertus. pietatis et institiae restitutio in scholis. Noriberg. 1633. (Vgl. Strobel Miscell. V. 148.)

V. 1) In der Sammlung 2 (E 2b—F 5b). 2) Paris, Stephan. 1534. (Vgl. II. 8.) 3) Paris, Stephan 1537. 8⁰. (Vgl. II, 9). Buisson a. a. O. S. 12.[10] 4) Wieder abgedruckt in den Sammlungen: 3: 4a; 5 (Bd. 1.); 6a; ferner bei D. Chytraeus. Ph. Melanchthonis de miseriis paedagogorum etc. Rostock 1586 (Vgl. Strobel a. a. O. S. 149).

Lesarten[11].

I: 3.33 plaeraeque 4.32 Tantum 5.12 (Vielleicht 'dialectica demonstrat ipsa') 8.17 γεομετρεῖν 8, 26 conferunt 9, 10 harmanian 9. 22 γεομετρῶν 9. 34 ἀοιδόν 9.35 (Für μελετήσομεν oder κελαδήσομεν) 13.3 te om. — Absätze[12]: 3, 4; 9. 34—

---

1) Q. = quaestor. d. h. Ioachimus Camerarius. Cf. CR. I, 646: Mitto meam oratiunculam et Lucianicum dialogum a Ioachimo versum.
2) Diese Ausgabe habe ich nicht gesehen. Vielleicht ist sie identisch mit nr. 1.
3) Vgl. Buisson p. 434.
4) Vgl. Buisson p. 434.
5) CR. I. 645.
6) Vgl. Buisson p. 435.
7) A. a. O. S. 435.
8) A. a. O. S. 435.
9) A. a. O. S. 434.
10) Durch ein Mifsverständnis reiht Buisson S. 12 diese Rede unter die Schriften von Rudolf Agricola ein.
11) [Für die Orthographie auch dieses Heftes ist Brambachs Hülfsbüchlein mafsgebend gewesen.]
12) [Da bei der vorliegenden Auswahl gegen den sonstigen Brauch der LLD. Absätze ohne Rücksicht auf die Originaldrucke eingeführt sind, so werden die in diesen befindlichen Absätze hier angemerkt.]

10. 3; 10, 8—9; 10, 12—16; 10, 34 (bei πάντα und ἁρμόζει).
Die Sprechernamen des Dialogs (12, 7 ff.) sind abgekürzt zu
Ven. und Cup.
II: 13, 20 quam quod 16, 14 τον 16, 30 f. preceptores
17, 2 desertis 17, 11 veneraculum 18, 29 διωκητική 21, 24
προσποιννται 26, 2 (Vielleicht 'illi desiderati') 26, 3 audeatis.
III: 33, 17 σολοικίσιν 34, 10 (ἕνι μὲν für ἔπι μὲν?) 39, 27
memoriam 43, 28 coepitque 44, 7 absolute. — Absätze: 34, 9;
34, 34; 38, 6; 41, 27 f; 47, 31. — Marginalien: 27, 17 πάθος à
simili 28, 26 Propositio 28, 30 Arg. A definitione 30, 10 Excursus 30, 35 Occupatio 33, 31 Argumentum à fructu 34, 34
Lectio 35, 29 De Homero 37, 5 Syderum nomenclatura apud
Homerum 38, 6 De historia 39, 9 Exercitium styli 39, 34
Stylus optimus dicendi effector 40, 15 Obiurgatio 43, 15 Epilogus 43, 25 Confutatio 47, 20 Peroratio.
IV: 49, 21 imposureunt 49, 23 coepistis 52, 14 monumenta.
Absätze: 49, 22; 52, 29; 53, 17; 54, 9; 54, 14; 54, 24; 55, 7.
V: 56, 35: quo quem hominum 57, 4 informandus 57, 13
peregrinatus 57, 21 decere 58, 16 calceria 58, 27 incisas
59, 34 pueribus 60, 2 diffitultates 61, 22 constent 62, 28
maluit 64, 17 pronunciando 64, 34 imparata 65, 18 pernituit
67, 1 qui. — Absätze: 56, 10 f; 61, 3 f; 63, 8; 63, 33; 63, 35;
64, 1; 65, 10 f; 65, 16; 65, 18 f; 65, 26.

An folgenden Stellen des ersten Bogens sind durch ein
Mifsverständnis Druckfehler stehen geblieben, die so zu
verbessern sind: 3, 20 f. organon αὐτοσχεδίῳ, 8, 17 γεωμετρεῖν
9, 22 γεωμετρῶν 10, 34 κιθάρη 11, 18 οὗτός ἐστιν.

Anmerkungen.

1, 4 f. Cf. Platonis opp. Paris, Didot. 1856. I, 103, (132).
2, 16 f. Verg. Aen. IV, 177. **2, 19.** Diese Rede scheint ebensowenig erhalten wie die angeblich schon in Heidelberg für
Professoren geschriebene. CR. X, 191. **3, 4 ff.** Die Hauptquelle M.s über Merkur scheint der sog. homerische Hymnus
εἰς Ἑρμῆν gewesen zu sein. Vgl. Homeri Hymni etc. ed. G.
Hermannus. p. 47 ff. **3, 26.** Zu Homer vgl. Anm. 3, 4 ff.
(v. 51.) Pindar Nem. V. 24 (44): Cf. Poetae Lyrici Graeci. ed.
Bergk. Lips. 1866. p. 207. **5, 21 ff.** Vgl. z. B. Πολιτ. VII.
533. Didot. II, 137. **6, 2 f.** Eurip. Androm. ed. Dindorf
v. 173. **7, 7.** Zaratas ist Zoroaster. **7, 15.** Vgl. z. B. Νόμοι
(Leges) V, 747 ff. (II, 348). **8, 3 ff.** Auch sonst rühmen die
Humanisten, z. B. Jakob Wimpfeling, die Donnerbüchse als
eine deutsche Erfindung. Vgl. L. Buschkiel, Nationalgefühl
und Vaterlandsliebe, Chemnitz. Progr. 1887. S. 15. **8, 7 f.**
Auf die Buchdruckerkunst als einen Ruhm des deutschen Volkes

legten die meisten Humanisten den allerhöchsten Wert. Vgl. z. B. Hartfelder, Werner von Themar, Karlsruhe 1880. S. 34. nr. 58. Hartfelder, Fünf Bücher Epigramme v. Konr. Celtes. Berlin 1881. V. 64. J. Neff. Ud. Zasius, Freiburg. Progr. 1890. S. 20 u. 21. **8, 16 f.** Vgl. Plutarch. Quaest. conviv. VIII. 2. 9. **24 ff.** Vgl. Odyss. VI. 107. **9, 33 ff.** Vgl. Th. Bergk. Poet. Lyric. Graeci. p. 815. **10, 7 ff.** Vgl. Eug. Abel. Orphica. Prag.-Lips. 1885. S. 97. Hymnus 76. v. 4 f. **12, 2 ff.** Vgl. Luciani opp. rec. Iacobitz. Lips. 1678. I. 98 u. 99. Dial. XIX. Schon Erasmus hatte diesen Dialog ins Lateinische übertragen. Vgl. Erasmi opp. ed. Clericus. Lugdun. Batav. 1703. I. 318.
15. 12 ff. Ilias V. 830 f. **16, 3.** Hugo und Richard v. St. Viktor. Vgl. B. Hauréau. Histoire de la philosophie scolastique. Paris 1872. I. 420. **16, 13 ff.** Die Klagen über die schlechten Übersetzungen des Aristoteles waren zur Zeit Melanchthons allgemein. So beschlofs die Heidelberger Artistenfakultät im Jahre 1520 eine bessere Übersetzung des Aristoteles herstellen zu lassen. Der zu diesem Zwecke gewählten Kommission gehörte auch der spätere Reformator Johannes Brenz an. Doch scheint die Anregung kein Ergebnis gehabt zu haben. Ed. Winkelmann. Urkundenbuch d. Univers. Heidelberg. Heidelberg 1886. I. 213. nr. 160. **17, 25.** Extravaganten heifsen die Sammlungen von Dekretalen Johanns XXII. und späterer Päpste, welche zwar dem Corpus iuris canonici beigegeben sind, aber nicht zu dem offiziellen Teil desselben gehören. **18, 1 f.** Über die Einteilung der Artes liberales vgl. Specht a.a.O. S. 82. Hartfelder, Melanchthon S. 160. **18, 16 ff.** Ohne Zweifel meint Melanchthon die Kommentatoren des Alexander de Villa-dei (= Villadeus), dessen lateinische Grammatik, das sog. Doctrinale, das verbreitetste mittelalterliche Lehrbuch war und das samt den weitschweifigen Kommentaren die späteren Humanisten verdrängten. Vgl. Hartfelder in Sybels Hist. Zeitschr. 64. 94. Ferner Böcking im Index biograph. et onom. Hutt. opp. suppl. s. v. Alexander. **18, 20 f.** Petrus Tartaretus. Scotist und Lehrer an der Pariser Hochschule, wird in dem Reuchlinschen Streit genannt; er ist Verfasser einer Anzahl logisch-scholastischer Kommentare zu Aristoteles. Thomas Bricot. Lehrer der Theologie in Paris, schrieb einen vielgebrauchten Abrifs der Logik. Perversor, so nennt Melanchthon nach dem Vorgange der Epistolae obscurorum virorum den Normannen Joh. Versor (eigentlich Tourneur), bekannt durch Kommentare zu Aristoteles und Petrus Hispanus. Copulata Bursae Montis: es gab verschiedene scholastische Lehrbücher, deren Titel 'Copulata' anfing, wie z. B. die Copulata tractatuum parvorum Logicalium iuxta processum magistrorum regentium etc. Die Bursa Montis ist eine der ältesten Bursen der Hochschule Köln. Mit Exercitia taurina et canina werden

mittelalterliche Lehrbücher verspottet, wie das Exercitium
puerorum etc. Eckii geht doch wohl auf den bekannten Theologen Johann Eck, den späteren Gegner Luthers, von dem
man aber nicht recht begreift, wie er in diese Gesellschaft
kommt, da er ein Freund humanistischer Bildung war. Weitere
Nachweise bei Böcking, Hutteni opp. supplem. II. 1. 445. 483.
495. Hain, Incunabeln nr. 1671—1678. 1685. 1686. 6768—6773.
16022—16057. **18, 23 f.** Das sind die sechs Studienjahre in
Tübingen. 1512—1518. **18, 34.** Vgl. Verg. Aen. VI. 462. **19, 11.**
Simplicius, einer der letzten Lehrer an der heidnischen Schule
zu Athen. **19, 30 f.** Franz Kircher von Stadion, Lehrer der
Tübinger Hochschule, deren Rektor er von 1518—1519 war.
Über diesen Gelehrten und seinen Plan, gemeinsam mit Melanchthon den Aristoteles herauszugeben, vgl. L. F. Heyd in der
Tübinger Zeitschrift f. Theologie. 1, 39. Vgl. H. M S. 39. Der
Plan wurde nicht verwirklicht, weil sich Melanchthon unter
Luthers Einflufs in Wittenberg zuerst von Aristoteles abwandte.
Vgl. H. M. S 73. **19, 34 f.** Vermutlich ist damit gemeint:
Themistii Euphradae Peripatetici etc. Paraphrasis in Posteriora
Analitica Aristotelis interprete Hermolao Barbaro etc. Taruisii
1481. Eine genaue Beschreibung der Inkunabel bei A. Caronti,
Gli Incunaboli della R. bibl. di Bologna. Bologna 1889. S. 467.
19, 35. Philoponus, ein christlicher Kommentator des Aristoteles. **21, 23 ff.** Isokr. XIII. 1. **22, 1 f.** Der Gründer der
skeptisch gewordenen zweiten Akademie, Arkesilas, verlangte
die Zurückhaltung des eigenen Urteils ($\dot{\varepsilon}\pi o\chi\dot{\eta}$) von seinen
Anhängern. **22, 19 ff.** Vorlesungen über Quintilian und Plinius
wurden in Wittenberg bald nach Beginn der Reformation
eingerichtet. Vgl. H. M. S. 508 ff., 556, 560. M. hat später
selbst über die beiden Schriftsteller gelesen. **22, 24.** Die
starke Betonung der Mathematik als eines wichtigen Lehrgegenstandes an der Hochschule ist echt humanistisch. Vgl.
Sybels Zeitschrift 64. 90. H. M. S. 309 u. ö. **23, 1 f.** Wahrscheinlich meint M. Platos Euthyd. 304. C. **23, 13 f.** Melanchthons spätere Urteile über Aristoteles, Plato, Homer, Vergil
und Horaz sind zusammengestellt bei H. M. S. 355 ff 372 ff.
375 ff. 386 f. **23, 18 ff.** Mit diesem Lob der Geschichte, welche
unter den Septem artes des Mittelalters fehlte, vgl. die sonstigen
Äufserungen Melanchthons über Geschichte bei H. M. S. 197 ff.
23, 21 f. Horaz Epist. I, 2 ff. **24, 1 ff.** Vgl. W. Christ,
Gesch. der griech. Litteratur. Nördlingen 1889. S. 314. Gemeint
ist die Stelle § 44 (1414): $N\acute{o}\mu\iota\zeta\varepsilon\ \delta\grave{\varepsilon}\ \pi\tilde{a}\sigma a\nu\ \mu\grave{\varepsilon}\nu\ \tau\grave{\eta}\nu\ \varphi\iota\lambda o$-
$\sigma o\varphi\acute{\iota}a\nu\ \mu\varepsilon\gamma\acute{a}\lambda a\ \tau o\grave{v}\varsigma\ \chi\varrho\omega\mu\acute{\varepsilon}\nu o v\varsigma\ \dot{\omega}\varphi\varepsilon\lambda\varepsilon\tilde{\iota}\nu\ \varkappa\tau\lambda$. **24, 6 ff.** Cic.
Brut. 40. 150 ff. **24, 13 f.** Vgl. Cant. cant. 4. 10. **24, 16 ff.** Cf.
Synesii Episc. Cyren. Epist. 139. 277 (ed Migne. 66. c. 1532).
24, 33 ff. Cant. cant. 1, 13; 2. 8; 1, 1 u. 3. **25, 8 ff.** Tit. 2. 7.
25, 15 ff. Anspielung auf die paulinische Lehre der Wiedergeburt. Vgl. Röm. 13. 14. Ephes. 4. 24 u. ö. **25, 24 f.** Num

25, 3. 5 Deuteron. 4. 3. Jos. 22. 17. **25, 28 f.** Psal. 91. 4.
26. 19 f. Melanchthon begann in Wittenberg seine akademische Thätigkeit mit Vorlesungen über Homer und den Titusbrief. Vgl. H. M. S. 555. **26. 26 f.** Hor. Epist. I. 2. 40. **26, 32 ff.** Um diese Zeit hatte sich die humanistische Bildung, abgesehen von einigen Fürstenhöfen, an einer ziemlichen Anzahl von deutschen Hochschulen schon festgesetzt. Vgl. K. A. Schmid, Geschichte d. Erziehung II. 2. 83 98.
27. 18 ff. Ἔργα v. 41. **28. 9 f.** Vgl. auch die Adagia Erasmi. Opp. ed. Clericus II. 437. **31, 13 ff.** In einem Briefe an Hermolaus Barbarus hat Picus die 'barbari philosophi' d. h. die Scholastiker verteidigt, worauf Melanchthon geantwortet hat. Die beiden Schriftstücke stehen CR. IX, 678—703. **32. 2.** Vielleicht ist 2. Kor. 1. 11 gemeint im Text der Vulgata. Vgl. den Meyerschen Kommentar zu dieser Stelle. **32. 3 ff.** Joh. 8. 25. Augustin: Sermo de tentatione Abrah. I. 2 und De Genesi ad litt. I. 10. Maurinerausgabe Paris 1683. V. 3 C u. III. 120 E **32, 19 ff.** Quintil. VIII. 3. 11. **33, 15.** Vgl. Adagia Erasmi. Opp. ed. Clericus II. 533 E. **34, 7 ff.** Ilias 3. 222. Odyss. 11. 367. **35. 24 ff.** Horaz A. P. 333. **36, 7.** Ilias 2. 101—154. **36, 18.** Brut. 10. 40. **36, 19 f.** Wahrscheinlich meint M. die Stelle bei Quintil. X. 1, 46. Vgl. auch X. 1, 47 ff. **36. 33 ff.** Ilias 2. 1—40. **37, 1 ff.** Ilias 18. 428—617. **37. 5 ff.** Ilias 18. 485—489. **37, 23 ff.** Vgl. jetzt W. Christ, Gesch. d. griech. Litteratur 25. 27. 45. **38, 3 f.** Es sind damit wohl Stellen gemeint wie Quintil. X. 1, 27 (V. 11. 39). **38, 6 ff.** M. erzählte diese Thatsache auch sonst gern. Vgl. H. M. S. 367. **38. 9 f.** Vgl. z. B. De divin. I. 25. 52. De offic. II. 24, 87 u. ö. **38, 13 ff.** Herod. III. 80 ff. **39, 1.** M. hat 1526 eine Vorlesung über diese Rede gehalten. H. M. S. 558. **39, 23 ff.** Vgl. O. Ribbeck, Scaen. Roman. poesis fragm. II². 202 (v. 298 u. 299). **39. 34 ff.** De orat. I. 33. 150. **41, 12 f.** Wahrscheinlich ist das Prooemium von Olynth. 1. 1 gemeint. **41, 27 f.** Georg. II. 412 u. 413. **43, 5 ff.** Vgl. Teuffel § 335. Quint. X. 7, 7. **43. 26 ff.** H. M. S. 543. Kolde, M. Luther. II. 140 ff. **44, 9 f.** 2. Kor. 2. 17. **46, 3 f.** Joh. 7. 39 (13. 31). **46, 12.** Magistri nostri ist der Spottname für die Scholastiker. **46, 13 f.** 1. Mos 14. 18. **46, 23 f.** 1. Timoth. 2. 15. **47, 17 f.** 1. Kor. 14. 5 (und 39).

52, 7 ff. Ein ansprechendes Bild der Stadt Nürnberg um diese Zeit findet sich bei Fr. Roth, Die Einführung d. Reformation in Nürnberg. Würzburg 1885. S. 1 ff. **52, 34 f.** Über das Florenz der Renaissance vgl. Burckhardt, Die Kultur d. Renaissance. I³. 73 ff. u. ö. **53, 3 ff.** Vgl. G. Voigt, Die Wiederbelebung d. klass. Altertums. Berlin. 1880. Ergänzungen u. Verbesserungen dazu bei Th. Klette, Beiträge z. Geschichte u. Litteratur. I—III Greifswald. 1888 ff. **53, 17 ff.** Theodorus Gaza aus Thessalonich (1398—1478). Seine Übersetzung von

Aristoteles. De natura animal. etc. erschien 1476 in Venedig.
mit einer Widmung an Papst Sixtus IV. Vgl. A. Caronti.
a. a. O. p 38. Der Papst schenkte Theodorus für seine Übersetzung 50 Scudi, welche aber der Grieche in die Tiber warf.
Vgl. Gregorovius. Gesch. d. Stadt Rom. Stuttg. 1870. VII.
552 Seine Übersetzung des Theophrast (Theophrastus. De
historia et causis plantarum lat. Theod. Gaza interprete ad
Nicolaum V Pontificem) erschien Tarvisii 1483. **54, 12 f.** Die
Rede wurde 1526 gehalten. als da und dort noch die letzten
Nachzuckungen des grofsen Bauernkrieges von 1525 auftraten.
54, 14. Ein Vers des Ennius. Cicero. Pro Muren. 14, 30.
54, 15 f. Pro Milone IV. 10. **55, 16.** In den Beschlüssen
des Nürnberger Rates werden die Lehrer Schulmeister. Praeceptores. noch öfter Pädagogen genannt. In der 'Ratio scholae'
heifsen sie aber ebenfalls Professores. Vgl. Heerwagen S. 27
und 37.

56, 8 ff. Trist. IV. 3. 38. **56, 14 f.** Heautontim. I. 1, 25.
56, 33 f. Vergil. Aen. II. 12. **57, 29.** Persius I. 59. **58, 22.**
Erasmus, Adagia (II, 371. C). **61, 3.** Ars poet. 445. **61, 30 ff.**
Thuk. V. 9. 9. **63, 12 f.** Legg. VI. 766. A. **63, 32 ff.** Iuvenal. I. 147—149. **64, 22 ff.** Colum. XI. 1. 26. **64, 34 f.**
Phryx plagis emendatur. Cf. Erasmi Adag. (II, 311. D.)
65, 9 f. Vergil. Aen. VI. 625 u. 627. (Der erste Vers auch
Georg. II. 43). **65. 16 ff.** Iuvenal. VII, 203. **67, 28 f.** Proverb. 17. 13. **67, 32 f.** Von den Presbytern gesagt: 1. Tim.
5, 17.

Heidelberg.

Karl Hartfelder.

I.

De artibus liberalibus oratio
a Philippo Melanchthone Tubingae habita.

Egregius animi vir Plato Athenaeus et sapientiae nomine venerabilis in dissertatione, quam Erastas seu de philosophia inscripsit, Socraten ait ingressum in Dionysi grammatici spectasse illic geniis elegantissimis nobiles pueros et ex iis forte duos ultro ac citro contendentes. Esse quaedam de Anaxagorae vel Oenopidae scitis controversa videbantur. Sic enim in ludo illi orbes pingere, flexuras ductare, versilibus punctis finire et artifici manu variegatas undique lineolas imitarier. Haec, uti solebat, penito contemplatus animo senex cuidam e familiaribus puerorum adsedit, blande illum officio cubiti admonitum scitatus: 'Quid hoc, quod meditentur adulescentes tanto studio et cura? Num honestum ac magnum?' Continuo iste nugari nescio quae cognitu sublimia et quasdam philosophias garrire. Socrates contra impudentiam demiratus hominis contatur, num ergo turpe ducat id, quod agit iuventus, philosophari. Aderat ibi quispiam non malus vir; is improbe dolens responsum Socrati et auctoritate tanta viro et de sapientiae studiis modesta roganti commodum intervenit: Socrati ait mittendum hominem sordidum, squalentibus obrutum voluptatibus et indignum plane, quocum philosophiae disputatio communicetur. Prudenter ille quidem non ad omnes pertinere sacrosanctam rem, sapientiam, arbitratus ἀμύητον iure sollemnium interdixit. Idem ego propemodum acturus, num ardua res, num pulchra, num laudanda philosophia, eos mihi auditores dari cupio, quorum ita sint adfectae mentes, ut sponte orantem sequi certent. Si quis ea barbarie, ea immanitate, ut splendore ac pulchritudine sapientiae trahi non possit, iam relegatus esto, iam quasque Cycladas aut Gyaros malis quam ardentis philosophiae vultus. Neque vero hic facundia luditur peregrina ferrugo neque fastus ingenii. Ipsa sese res genuina facie bonis mentibus probare solet. Quo fit, ut et aperte magis ac simplex mea sit futura oratio.

Artes primum dependemus administras philosophiae, dein illam ipsam quoque, si visum fuerit, quae maius aliquid communi hominum sensu spirans caput inter nubila condit: ea est vox daemonii.

Omnem istunc locum opinor et hoc anno mense Iulio contione quadam a nobis explicatum cognostis. Hoc tum erat studio, cum e suis fontibus derivarem artes, ut animi naturae ostenderem insita earum initia, scilicet hanc facem prima lux et aevintegra mentibus humanis faenerat. Dein ut imperiti naturae iudices, ut abhorrentes a veterum historiis, qui unam gentem aut unum fortasse Marsyan primitiis artium dignantur. Nam ut eadem gentibus omnibus atque adeo omni caelo aequi bonique ratio, iidem iusti fontes, sic eadem ubique naturae scientia, modo par studium accedat et, ut in summa dicam, rex Iuppiter omnibus idem. Grandia haec tum nec ἀπροσδιόνυσα ei loco.

Sed exporrigo frontem adulescentiae dicturus. Quaedam iucundiora, quaedam etiam clariora prioribus feram in medium. At interim, si quid ab humanitate vestra, optimi viri, pietas mea vel a vobis, adulescentes, numquam non officiosa voluntas emereri potest, quaeso non solo argumenti nomine, verum et mea ipsius causa, pari cum ceteris oratoribus vestris loco, pari gratia habete.

Constans et vetusta fama est natum Iove Mercurium, cum ad Aegypti flumina puer a nymphis aleretur, ut erat indoles festiva, per lusum iocumque solitum pleraque commentari, deas vafricie fallere, novas artes, nova opera miranda posteris effingere. Eximia est quae gentibus inde aliquot inter sacra fuit lyra, id enim fabulis callido nomen invento proditur. Factam aiunt e concha, quam forte fortuna iam in sicco destituerat Nilus in alveum regressus, testudinem vocant notiori vocabulo. Festivum profecto naturae opus. Oblongula est, ut reliqua taceam, et capite quasi in orbem sinuato atque ob id apta manibus habendo. Quod cum in ripa ludens puer observasset, utilem ratus ostraci figuram adit propius, aridam caedit, sonat ea et nescio quid blandius, statim deus arripit laetabundus, bene pulchrae rei sperans, pellem nervo culmis infigit, chordas astruit septem, intendit chely, experitur cantu organon, $αὐτοσχεδίῳ$ miratur interque manus et brachia versat, placetque iam non auctori tantum, sed ipsis etiam diis nutricibus. Coepit esse laudatum et selectis numinibus. Donatur Apollini, nec longo post tempore Phoebus operam navans hominum gratiae chelyn dedit Orpheo muneri. Fuit $ἑπτάχορδος$, Homero ac Pindaro magnis testibus, dum Orpheus Calliopae studio de Musarum numero duas adiceret resticulas.

Post Orphei fata aiunt alii ad Musaeum gnatum venisse, alii fatidicam in Lesbon delatam atque inde a Terpandro in Aegyptum patriam, gratissima munera divinorum consciis sacerdotibus. Ibi esse coepit Aegypto sacra; quam pleraeque secutae nationes itidem coluere Mercurii chelyn. Nomen inde factum sideri Lyra, quo res aetati posterae foret augustior. Haec est lyrae

1*

celebrata nobilitas tot gentibus, tot litteris. Quorsum vero haec? Quid de una sibi tantum lyra placet antiquitas? Quaeso mihi paulisper aurem commodate, rem explicabo non vanus. Poetica mythos uno eodemque iucundo involucro et populari quidem primas artium origines primosque auctores tenet. Mercurius, Iove natus, Iovis mens habetur iis, qui veteris philosophiae periti sunt. Lyram de testudine, non falsa mundi imagine, sic in re parva lusit natura, πολυδαίδαλον fecit, chordis ornavit septem. Est enim ille sacer habitus numerus. Septem hae sunt artes, ut agam historica fide, supera defluxae mente, quibus omnis naturae scientia comprehenditur. Iam et praesides Musae totidem, quae duae reliquae septeno choro ius omnium sibi vindicant. Ecce dei manu fabrefactam lyram. Ecce deum munus, artes. Mihi vero iam de naturae scientia, non daemonii voce res est: puto quae nostris ingeniis propria, rationis usu contingit. Ea est in oratione partim, partim in rebus. Scientia rerum prior, sed nos vulgari more dicemus. Quae ad sermonem spectant, ingeniorum puerilium exercendi habentur initia. Grammatica prima, cui quoniam elementa litterarum debemus, nulla ex parte non est necessaria: quid enim attinet longius immorari palam concessae rei quam utile mortalibus repertum, litterae, ἄσβεστοι memoriae custodes, popularis regulae sermonis, ut mittam cetera.

Huic accedit proxima dialectica, subtilis disserendi ratio, nam id indicat nomen, litteraturae comes, complexa quidquid hoc omne, quo se aliqua vis effert ingenii, ac si licet hoc audacius paulo, sola mihi omnium mater artium haberi posse videtur. Tantum abest, ut dignum docto spires, ut pectus ad sapientiam formare quovis modo queas, si dialecticon politias, vanissime omnium, quisquis es, contempseris. Neque enim ille mercium

pater Oceanus tantum opum, tantum divitiarum orbi
conuehit universo quantum artium una cyclopaedeiae,
dialectica. Et attingerem ex iis aliquot, ni passim id
sonarent scholae, at si vultis tamen, ostendam usui
5 fuisse vel summis ingeniis.
 Vir animi sagax Aristoteles, ut hunc nominem, in
quem opinio hominum consentiens multis iam saeculis
conspirauit. Quaeso quid praestat ubique vel aptius vel
eruditius dialectica? Potestque illa quasi Delphico gla-
10 dio, ut omnium sensa nunquam non penitissime con-
fodiat.
 Inuenit, disponit, dialecticae debet; ipsa enim, quid
quaeque res, quid cuique cohaerens et quo ordine,
pulcherrime distinctis filis notat. Iam si Platonicos huc
15 accire datur, quantus inter illos eminet Augustinus, qui
dialexi ceu Mercurii alis, ita Platonici vim animi ex-
celsam vocant, humana superans divina proximus attigit.
 Non audio quosdam male feriatos homines, qui cum
ἀγράμματοι καὶ ἄμουσοι litteras vulgo iactitent, hoc
20 habent primum, ut a dialecticis quam longissime absint.
Age belle ridetur haec tota faex a Socrate, non in
Gorgia tantum et Lache, sed omnibus pene disser-
tationibus Platonis.
 Habet grammatica, ut docte loquaris, haec, ut vere,
25 ut discriminatim, ut certum, ut solidum, quod enthy-
memata, syllogismi, theses, finitio, partitio commodum
exhibent. Et sincera sunt et firma, quae in hanc aleam
conveniunt, minimeque fucata. Daedali statuas quondam
suspexit antiquitas, non de ascitia specie, ut Pausanias
30 ait, sed ingenua quadam forma, cui plane *γνήσιον* hoc
erat admirandam referre ipso decore maiestatem et
propemodum illud melioris saeculi *θεῖον*. Fortassis et
de nostris dialecticis tale quiddam licebit: Scoticos dico,
aridi sunt ac ieiuni sermonem, fecundi sensa; verum
35 haec alias. Omnino de ipso sciendi amore dialectica inter

prim ores artium recenseri non temere solet. Quare
valeant ἀντίστχροι suis complicibus, τοιοῦτον πᾶν τὸ
βάρβαρον γένος, ut cum Euripide dicam: liberum est
enim cuique aut bonam esse aut malum. Vos, qui
5 philosophiae nomen dedistis, adulescentes, qui boni esse,
qui sapere dextrae menti, qui prodesse olim reipublicae
contenditis, in elementa dialecticae incumbite. Nullo
pharmaco magis aut vegetum aut acre, nulla harmonia
reddi potest ingenium elegantius. Bias rogatus, quid
10 esset cuique inter prima dulce, respondit, quid proprium.
Est autem vel maxime propria homini ratiocinatio,
διάλεξις, contemplatio cuiusque diligens. Iam quaeso,
quid ea suavius? Varium poetae Proteum fingunt
omnium sibi rerum vultus formasque aptantem. Quo
15 nimirum commento intellegentiae nostrae metamorphosin
in omnes rerum species significant. Discernit autem
species rerum unica dialectica, perpetua et inconcussa
veri scientia. Quam vellem haec pluribus agere liceret
per horam, quo magis perspicue vobis dialectica pro-
20 baretur. Sat fuerit adiecisse neminem a conditis litteris
unquam ullo sapientum iudicio inter candidatos studiorum
cuiusque generis censum huius expertem.
Sed aurem Cynthius vellit oranti et admonet super-
esse rhetoricam. Quid vero illa? Pars dialecticae quos-
25 dam argumentorum locos populariter instruens.
Et de grammatica, dialectica, rhetorica, logicis
artibus tantum. Chordae illae tres in chely symphonae,
Musarum trium ludus: Polymneia, cui nomen est a
memoria, litteras habet, Euterpe dialecticam, quod mira
30 sciendi cupidine rapiantur, qui in contemplatione degunt,
Melpomene forum demulcens rhetoricam.
Quae rerum est cognitio, pendet omnis e numeraria, quam vocant arithmeticam. Si enim, ut visum
Platoni, aliqua rerum prima notio inserta est natura
35 mentibus hominum, qua liceat uti vel ad universalium

contemplationum principia agnoscenda κατὰ πρόληψιν.
ut doctus vir Epicurus vocat, vel ad vestigandas singularium partes, quaeso, quae est alia quam ordinis,
quam numeri regula, qua videtur in uno quoque, quid
primum, quid extremum, quid unum, quae multa? Quae
ut non temere solent magistra ferula discier, ita natura prius percepta tenemus. Zaratan aiunt, quisquis
ille fuit, Pythagorae doctor, dixisse animam numero
matrem esse, videlicet quo significaret congenitam
numerandi scientiam animis mortalium. Et licet de
puerorum rudibus ingeniis periculum facere: an non
primum est, quod scire videntur, numerus? Par, impar
luditur, item cubus primus ac postremus. Quamobrem
in erudiendis pueris a numero auspicandum censet
Plato, quo excultis iis quae natura insunt seminariis
recipi cetera promptius queant. Et Pythagoras omnem
philosophandi rationem e natura mentis humanae cognatoque studio derivans principia philosophiae numeros posuit. Tum qui praestitere quondam sapientia
magni viri τὸ ἀριθμεῖν, numerare, pro philosophari
dixerunt. Abenzoar nosse inquit omnia, qui sciat numerare. Et Neocli Plato quaerenti, cur homo sapientissimum animal, respondit, quoniam numeros calleat.
Iam quae arcana venati maiores e pari atque impari,
quae sublimia ex uno, duobus, tribus, quattuor, quinque, sex et septem et rursum ex horum congressibus,
dies defecerit explicare conantem. Accedunt ad numeros litterae, sortes, aenigmata, nomismata et huiusce
modi non paucae commerciorum notae. Nec est, ut
Syros aut Phoenicas memorem vobis auctores numeri.
Eadem generi hominum ratio, idem hoc ubique praestat, ut signet, discernat, iudicet, quae usurae veniunt
e numeraria. Sequuntur eam ponderum ac magnitudinum mensurae, planae solidaeque figurae, aequa, iniqua
proportio, quae fere capita geometriae sunt. Hinc ad-

mirandae hominum generi machinae, atque ut Eudoxi, Archytae, Menaechmi, Archimedis, Boetii automata praeteream, quantum bombarda, nostrate inventum, bellicis contulit? Addo plasticen et, quae nascitur e
5 perspectivis, picturam, utrumque civitatum vel pulcherrimum ornamentum. Huius generis sunt caelandi, scalpendi artes et inter eas chalcographica, aereae Germanorum scribendi formulae. Hic artium nexus, haec origo mechanicon e duabus principibus artibus, arith-
10 metica et geometria, hic usus est utriusque per tot manuarias operas.
Quod si ad animum transferas, dii boni, quae suavitas, quod nectar offundetur contemplanti, immo quae lux sese ex illo rerum chao aperiet: istaec mentem
15 sensilibus haerentem avellit seducitque ad intellegibilem aeternamque naturam. Sic Plato ἀριϑμεῖν philosophari et ϑεὸν ἀεὶ γεομετρεῖν commodum adficta notatione dixit, id est, semper aeternam veri naturam intellegendo versare.
20 De arithmetica geometriaque obiter. In colophone ac fastigio artium musica et astronomia locantur. Age quid musica laudatius, elegantis ea harmoniae ratio, sive organicam sive naturalem velis? Insignis utraque honore poematum, id quod alia sum acturus oratione.
25 Plerisque gratior musica orbe artium aliarum, quod haec ad contemplationem pariter moresque confert.
Erigunt aliae ad caelestia mentes nostras, haec una caelo superos ad humana deducit, quo argumento veteres arbitror musica signa passim deum statuis
30 appendisse, quasi illis dii conciliati nobiscum versentur. Confert moribus, quod nulla res familiarior tranquillandis animantium adfectibus.
Scitis de Orphei lyra quid et quae Pythagoreae gentis instituta fuerint: ᾠδαῖς χρῆσϑαι πρὸς λύραν.
35 Ex ea factione Clinia, celebris vir, modestissime usus

disciplina magistri, quotiens animo turbabatur quacumque causa, statim ad lyram properabat: rogatus aliquotiens, quid hoc, nihil respondit praeter hanc voculam: πραΰνομαι. Atque hi sunt proprie Musarum soni, qui ad honestam vitae constitutionem, qui ad virtutem pertinent. Succedunt musicae saltatoriae artes, Arcadum inventa, sed longior est res, quam a nobis agi modo possit.

Reliqua cyclopaedeiae astronomia est numeros, magnitudines, motus, harmonian, id est compagem superi atque inferi orbis dimensa, siderum effectiones atque influxum complexa, medicinae parens, fati conscia. Arithmetica, geometria, harmonica ancillariis disciplinis communiter utitur.

Longius hanc quadruvii seriem duxissem, sed hora deficimus, agitque rem eam publicis scholis cottidie Iohannes Stoffler, philosophus auctoritate, fide litterisque mathematum venerabilis. At hae quattuor artes, quattuor item in lyra Mercurii chordulae, suum quaeque stridens, prima se Terpsichorae debet, ordinis ac numeri artifici, habet enim a choris nomen dea, secunda Thaliae, quoniam floreat exculta γεομετρῶν commodis vita. Musicam Erato iucunda regit adfectio. Eminet inter socias clarissima in Homericae Dianae modum Vrania, principem astrorum scientiam decora referens. Septem chordas numerari, adulescentes, audistis, nec discretae lyra voces redduntur, plures quattuor, tres orationis funiculi communes quadrivio. Quattuor aliae chordae rebus suis discrepant. Non confingo licenter haec, auditores, ut illi Atticorum κοροπλάθοι. Platonicis quoque veteribus ratio sapiendi talis fuit auctore Plutarcho. Et de quaterno lyrae systemate quae disputavi Terpandri sunt, ait ille:

ἡμεῖς τοι τετράγηρυν ἀποστρέψαντες ἀοιδήν
ἑπτατόνῳ φόρμιγγι νέοις μελεδήσομεν ὕμνοις.

Septena iam forte chely nova carmina vatem
Quattuor et distincta modis panxisse iuvabit.
Iamne, quae Mercurii sit lyra, tenetis, quot chordae,
quot artes? Et Musas artium praesides appellare sum
5 solitus. Illae vero quid? Congenitus hominum animis
ardor et strenua sciendi cupido. Testis antiquissimus
vates Orpheus, qui Musas hymno canens inquit:
*Πάσης παιδείης ἀρετὴν γεννῆσαι ἄμεμπτον
θρέπτειραι ψυχῆς, διανοίας ὀρθοδότειραι.*
10 Hoc est, si venerandam Orphei maiestatem carmine
licet nostro imitemur:
    Munera vestra deae virtus et gloria verax.
    Quasque artes agit humanae vis fervida mentis,
    Vos animi dulces etiam veneramur alumnas;
15 Aeternum recti quibus insevistis amorem.
Censae artium numero Musae septem, duae supersunt. Cleio et Calliope, quibus aequum in omnes litteras ius: historiae Cleio, Calliopen poemati prae-
ficimus. Omnis generis scripta usurpant historia et
20 poema, nec alii maiori fruge operave leguntur auctores
quam historici ac poetae. Adulescentes animos e vul-
garium studiorum sorde evellunt locoque referunt ex-
celso iam viris digna spirantes.
    De artibus hactenus, quae organa sunt et quasi
25 quaedam praeludia magnae illi diis genitae sapientiae,
quibus instructae mentes hominum dei numen caelis
demissum excipere queant. Nec fas puto de illa plura
commentari, quisque secum bonus vix anxie cogitet,
quae illa *γνησίη Ὀλύμποιο*, ut Callimachus ait. Ipsa
30 est, quae in medio artium choro communis omnibus
desidit, omnium rerum certa scientia. Sic Apollinem
prudens antiquitas in mediis Musis pinxit universitatem
omnem cithara temperantem, ut est apud Orpheum:
    πάντα πόλον κιθάρῃ πολυκρέκτῳ Ἁρμόζει.
35 Capita artium nomenque *τῆς σοφίας*, ut licuit, bre-

vissime attigi, non in hoc versatus, ut magnifice
laudarem. Egregie nobilis pictor Timanthes Cyclopem
in tabula, uti ferunt, brevicula dormientem delineavit:
eius cum esset magnitudinem expressurus, iuxta saty-
5 ros thyrso pollicem monstri dimetientes fecit. Quomodo nos angustis ingeniis homines ingentia molimur,
philosophiae laudes, nec fere nisi dormientis sapientiae
oras contingimus. Equidem cum temperarem mihi a
laudibus, quas multi multas ineptissime effutire solent,
10 hoc egi tantum, ut quam honestae res essent artes,
quippe sacrae, intellegeretis, tum ut admonerem inventutem easdem Musas esse, quas hodie vocant
artes. Proba ratio est, cur velim adulescentes hoc
omnes rectissime norint. Passim prostant Musae in
15 poematis vitio indoctorum interpretum, qui rem multo
dignam studio neglegunt et, quantum coicio, inventae
operas vani distinent. Idem Mercurius est pueri, qui
animus nobis, καὶ οὗτός ἐστιν ὁ στρογγαῖος. Eaedem
Musae, dein et eaedem chordae, quae artes, animi
20 cum habitu suo consonantia, lyrae harmonia. Iam quis
est e vobis, qui non harum rerum honestate capiatur?
Conveniebat fortasse, ut inhortarer vos ad virtutem.
sed vestra iam sponte currentes. Agite, exempla vobis
magnorum hominum, qui me circumsidunt, capite.
25 agite intenti spem patriae longe pulcherrimam, ante
oculos ipsumque animi sensum ponite, quo nihil esse
optandum vobis, nihil contendendum praeter honestas
litteras, praeter virtutem cognoscatis. Nullis deliciis,
nullo errore hominum regia via excedite, nulla vos
30 cupido avellat infamis a virtute. Infamem appello,
quae aliena sit a studiis litterarum atque ab iis,
quibus addicti sacris omnes estis.

    Eleganter admonet dialogo Lucianus, qui fluctus
illi abhorrentes a virtute Musisque. Eum quando Cha-
35 par Currer, bonorum studiorum amantissimus iuvenis,

Latinum fecit, haud gravatim referam. Iucunda est fabula. Sic enim Venus natum compellat: Quid, o Cupido, ceteros deos subegisti omnes, Iovem, Neptunum, Apollinem, Iunonem matremque ipsam me, sola vero abstines Pallade, atque adversum istam nulli facularum ignes, vacua telis pharetra, tu denique inermis arcu pilisque cares? Cupido: Pertimesco ipsam, mater; horrenda enim est ac torva aspectu admodumque virilis. Itaque quotiens intento eam arcu iaculoque peto, concussa me galea excutit, exterret, caduntque manibus continuo sagittae. Venus: An non erat hac Mars formidabilior? Et hunc tamen armis spoliatum expugnasti? Cupido: Immo ille libens me recipit invitatque. Minerva vero obductis superciliis observat semper. Ad eam si quando advolavi temere, facibus advolutis, ait ista: Per Iovem, si me, puer, adortus fueris, te transfodiam aut adreptum pede in Tartara coiciam vel ipsa te dilanians discerpam. Tum acribus contuetur oculis et circum pectus gestat imagunculam quandam viperis capillorum vice comatam. Hanc vehementer equidem formido, perterret enim me, fugioque, quotiens aspecto. Venus: Atqui Minervam quidem metuis atque huius gestamen, Gorgona, qui Iovis fulmen non expavescas? Dein autem Musae cur nullis queunt a te vulneribus confici suntque, quod aiunt, extra tela, num galeas et hae incutiunt aut Gorgonas obiciunt? Cupido: Ipsas ego revereor, mater. Castae sunt et semper aliquid curae molientes, continuo cantu occupatae. Saepe igitur adsum illis suavitate carminis delinitus. Venus: Sinito et illas, quod venerandae sint scilicet, Dianam cur non vulneras? Cupido: In summa nequaquam possibile est adsequi eam semper per montes fugientem, quin illa suo quodam flagrat cupidine. Venus: Quo, gnate? Cupido: Venatu quidem cervorum atque hinnulorum, quos insectatur, ut capiat

ac iaculo figat, ac prorsum tota rerum eiusmodi studio
tenetur, tametsi fratrem eius iaculo potentem atque
eminus ferire solitum. Venus: Scio, gnate, te saepenu-
mero arma expertum tua. Haec fabula est profutura
5 moribus vestris, si frequentem animo agitaveritis. Sic
enim hae nugae seria ducent. Dixi.

II.

Philippi Melanchthonis sermo habitus apud iuventutem academiae Wittembergensis

de corrigendis adulescentiae studiis.

Θεός.

Ne ego plane videar impudens atque mei prorsum
oblitus in hoc coetu, magnifice domine rector, eximii
principes academiae, dicturus, quem cum alias et in-
15 genium et umbratile studiorum genus ab huiusmodi
theatris et hac plausibili oratorum quasi curia avocet,
absterrere modo cum primis rei, quam acturus sum,
difficultas potuit, ni me cum pietas in recta studia,
tum officii mei rationes inhortentur, quo bonas litte-
20 ras ac renascentes Musas quam maxime commendatas
vobis universis velim. Illarum enim causam suscepi
tutandam adversus eos, qui vulgo sibi in scholis doc-
torum titulos ac praemia, barbari barbaris artibus, hoc
est vi et fraude adrogarunt et hactenus fere malitiosis
25 ingeniis homines retinent. Germanicam iuventutem paulo
superioribus annis alicubi conatam in hoc felix certamen
litterarum descendere iam nunc quoque non pauci,
velut e medio cursu, commento plus quam Thracio re-

vocant: difficilius esse studium litterarum renascentium quam utilius. Graeca a quibusdam male feriatis ingeniis adripi atque ad ostentationem parari, dubiae fidei Hebraea esse, interim a genuino litteras cultu perire,
5 philosophiam desertum iri et id genus reliquis conviciis. Cum isto grege indoctorum congressuro quis non intellegat vel Herculi, non uno Theseo opus esse?
Adeo suscepto negotio non parum aequo dicar audacior. Vt interim sileam vix posse hanc a me pro-
10 vinciam administrari, citra modestiae periculum, qua dispeream, si quid unquam rerum humanarum prius duxi. Ardeo enim amore recti, et cum studia vestra vehementer iuvari, adulescentes, cupiam, fiet, ut quaedam liberius, quam isti volent, dicam. At quando me
15 huc sive ratio, ita enim videor mihi, sive casus aliquis impulit, volo hanc mecum, clarissimi viri, causam habere vos communem, quorum industria, consiliis operaque fit, ut passim a situ et squalore adserantur litterae nativumque nitorem ubique recepturae sperentur.
20 Placuit igitur paucis commonere iuventutem inlustris academiae nostrae, ut, quantum ad summam praeclari instituti vestri attinet, intellegat, quae sit renascentium studiorum ratio, quae illorum, quam barbari maiores nostri e Scotis in Galliam, e Galliis in Germaniam
25 invexerunt, ut ordine ac ductu generis utriusque cognito ipsi indicetis, utrum maiore commodo, periculo minore liceat amplecti. Atque in hoc omnis oratio mea incumbet, uti spem vobis elegantis litteraturae, de Graeca et Latina loquor, faciam. Scio enim in ipso
30 iam vestibulo plerosque novitate rei, si non deterreri, certe angi. Praestabat autem orationis argumentum et quasi filum ab ipsis studiorum fontibus et omnium saeculorum litteratis institutis ducere: sed ea scaenae alterius erunt. Iam quod attinet, brevibus barbara studia
35 cum sinceris committam, docebo, quibus auspiciis Latina

discenda sint et Graeca tentanda. Interim quaeso dicentem benigni audite, id quod a vobis vel singulare meum erga vos studium vel ipsa litterarum dignitas impetrabit.

Annis abhinc opinor octingentis, orbe prope universo a Gothis commoto et a Longobardis devastata Italia, simul cum Romano imperio Romanae litterae sunt intermortuae, quod una belli furor et bibliothecas exciderat et Musas otio, ita ut fit, negato exstinxerat. Scitis enim, quam non conveniat cum sapientiae studiis atque adeo civilium rerum cultu Marti, quem fingit Homerus noster cum Pallade acerbis odiis conflictantem, $\mu\alpha\iota\nu\delta\mu\varepsilon\nu o\nu$, ut ipse ait, $\tau v \varkappa \tau \delta \nu \varkappa \alpha \varkappa \delta \nu$. Quo fere tempore Gregorius, quem isti Magnum, ego praesultorem $\varkappa\alpha\grave{\iota}$ $\delta\alpha\delta o \tilde{v}\chi o\nu$ theologiae pereuntis voco, ceterum eximia vir pietate, Romanam ecclesiam administravit et infelicissimi saeculi casum, quoad potuit, docendo scribendoque sustinuit.

Sub id aetatis nemo, ut videtur, nostrorum hominum fuit, qui aliquid insigne scriptum ad posteros dederit. Verum hactenus in Scotis atque Hibernis litteras diuturna pax aluerat, clarebantque ii cum aliis quibusdam tum maxime venerabili Beda, Graece et Latine haud vulgariter perito, ad haec in philosophia, mathematicis, sacris sic erudito, ut cum vetustis quoque conferri posset. Interim frigebat Italia, frigebat Gallia, Germania ut semper armis quam litteris instructior erat, eaque tum potissimum in Italia saeviebat: nondum enim universa Christum profitebatur. In hunc rerum statum Carolus natus cum fines Romani imperii pacasset, ad instaurandas litteras animum adiecit; nam et ipse praeter multarum linguarum cognitionem plerasque disciplinas, quae scholis debent, expeditas et compertas habebat. Alcuinum ex Anglia in Gallos duxit, quo auctore Parisii litteras profiteri coeperunt, auspicio certe laeto: nam purae adhuc erant, et accedebat Graecarum rerum mediocris peritia. Ea nobis aetas Hugones, Ricardos et alios non pessimos scriptores edidit. Philosophia non uti nunc ex Aristotele petebatur, sed totam sibi adseruerant mathemata, quae magnae curae tum litterati omnes habebant, id quod indicant veteres monachorum divi Benedicti bibliothecae, e quibus nemo clarus exstitit, qui non opere mathematico sit eruditionem suam egregie testatus.

Deinde usu res acta est, incideruntque homines quidam sive libidine ingeniorum sive amore litium ducti in Aristotelem cumque mancum et lacerum et, qui alioqui Graecis obscurus καὶ τῷ λοξίᾳ similis videtur, Latine sic redditum, ut etiam Sibyllae furentis coniecturas exerceret: huc tamen incauti homines impegerunt. Sensim neglectae meliores disciplinae, eruditione Graeca excidimus, omnino pro bonis non bona doceri coepta. Hinc prodiere Thomae, Scoti, Durandi, Seraphici, Cherubici et reliqui, proles numerosior Cadmea sobole. Accedit insuper, quod non solum contempti veteres studio novorum, sed omnino si qui in eam supererant aetatem, ceu in Lethen ablegati perierunt, ut dubites, num alia re argutiarum auctores plus nocuerint, quam quod recordes tot milia veterum scriptorum ad internecionem usque aboleri passi sunt. Talibus deinde semel iuris divini atque humani potestas facta est, ex horum decretis iuventus erudiebatur. Proinde in scientiam iuris ac rem medicam pariter posthac saevitum est. Oportebat enim similem praeceptoris discipulum esse, ut aiunt vulgo, κακοῦ κόρακος κακὸν ᾠόν.

Haec ratio studiorum annos circiter trecentos in Anglia, in Galliis, in Germania regnavit, ut ne quid interim dicam immodestius, quam perniciosa, coicere licet propemodum ex his, quae dixi, atque ut plane intellegatis, animum advertite. Primum desertis veterum disciplinis, quando audax ista commentandi et philosophandi ratio invaluit, simul Graeca contempta, mathematica deserta, sacra neglegentius culta sunt. Quo malo quae saevior pestis esse potuit? Certe nulla vulgarior unquam fuit. Nam cum ad eam usque aetatem et philosophia tota Graeca fuisset et sacrorum Latinae litterae praeter Cyprianum, Hilarium, Ambrosium, Hieronymum, Augustinum nullae insignes exstarent et Graecorum usum vernaculum sacra occidentis magna ex parte eatenus habuissent, fieri non potuit, quin Graecis contemptis una quidquid commodi studiis humanis philosophia confert, confert autem longe plurimum, deinde cura sacrorum sensim interiret. Hic casus vere Christianos ecclesiae ritus ac mores, ille studia litterarum labefactavit. Aequius forsan alterius ruina ferri potuit. Nam et lapsantes litteras incorrupti ecclesiae ritus facile instaurare poterant, et bonis litteris, si quae salvae mansissent, liberum erat ruinosos ecclesiae mores corrigere, animos hominum iacentes excitare, confirmare et in ordinem cogere. At vero sive fato sive nostro vitio evenit, simul bonae litterae non bonis, prisca pietas caerimoniis, hominum traditionibus, constitutionibus, decretis, capitulis, extravagantibus, glossis *δευτερωτῶν* mutata est. Neque rettulit, quod Nicaena synodo patres tam prudenter caverunt: *τὰ ἀρχαῖα ἔϑη κρατείτω*.

Audacius haec videar alicui quam ex usu vel aetatis vel studiorum meorum; verum, ut sic dicam, res vestrae, ingenui iuvenes, postulant. Nam ut quidam segnius cum bonis artibus in gratiam redeant, nimirum in causa est, quod nondum quisquam eos libere admonuit. Iam igitur cognoscite, quaenam sit illa barbarorum commentandi ratio, quae e quibus manarit fontibus audistis.

Artium genera omnino tria sunt, λογικὸν, φυσικόν, προορεπτικόν. Logicum vim omnem ac discrimina sermonis tractat et, cum per ipsum in illa superiora sit iter, primum formandae pueritiae rudimentum est, litteras docet, proprietatem sermonis aut regulis astringit aut conlatis auctorum figuris indicat, quid observes, id quod fere grammatica praestat. Deinde cum paulo progressus fueris, iudicium animis comparat, quo metas rerum, ortus, fines, ductum sic agnoscas, ut, sicubi quid inciderit exacte tractandum, omnia, quae ad institutum pertinent, quasi in numerato habeas et artis adminiculis ita sensus auditorum capias, ut dissentire temere non queant. Hae partes illius sunt, quam vos dialecticam, alii rhetoricam vocant. Nominibus enim variant auctores, cum ars eadem sit. Atque hic docendi ordo quondam fuit, cum vigerent adhuc litterae, donec in bullatos quosdam magistros incidimus, qui scitis qua mole commentariorum grammatica primum oppresserant. Sed quando ea revixerunt, de dialecticis videamus, quae adhuc ex Tartaretis, Bricot, Perversore, Eckiis, Copulatis Bursae Montis, Exercitiis taurinis et caninis et aliis huius farinae petimus. Licet hac parte mihi liberius agere, nam et iisdem ego annos iam sex perpetuos paene detritus sum, et cum rem probe meditatam habeam, non erit difficile mihi suis eam coloribus pingere ac declarare non esse διαλεκτικά, quae isti amusi inscitiae magistri profitentur.

Primum dialectica, ut dixi, methodus quaedam est omnium quaestionum compendiaria, διοικητική τε καὶ διακριτική: qua constat ordo et iudicium cuiusque rei tractandae, ut in quoque videamus, quid, quantum, quale, cur, quomodo, si simplex sit: sin complexum, verumne an falsum. Simplicium discrimina notionesque isti per loca senta situ cogunt noctemque profundam. Complexorum doctrinae quas tenebras non offuderunt argutiis? Quales sunt: genus est species, nullus et nemo mordent se in sacco, Parisiis et Romae venditur piper. Arcent foro suo, quae non adsequuntur. Librum κατηγοριῶν aiunt dialecticae tabulis non censeri, cum inde omne artificium inveniendi ceu e fonte fluat et κατηγορίαι non sint nisi μέθοδος quaedam simplicium. Et hic argutantur, num singula genera generalissime realiter, ut vocant, discrepent, atque de eo nondum inter Scotistas ipsos convenit, multo minus cum factionis diversae nominibus. Analytica posteriora, cum sint disponendi series atque, ut Simplicius Peripateticus ait, canon atque amussis artificiosae disputationis, inter metaphysica nostri rettulerunt, nempe quo rem per se non admodum difficilem ac mire utilem studiis honeste tractandis et difficilem et inutilem redderent. Hocine est illud docere, quod iactant? Haecine sunt, sine quibus pensum arti cuique suum reddi nequit? Haecine sunt, quae tam splendidis philosophiae titulis auctionantur? At quanto minoris didicissent recte sapere quam desipere!

Sed cohibeo animum, ne quem vel bonorum nimia libertas offendat. Vos a me, adulescentes, hoc unum agi putetis, utilius, quam quod olim tractabant, studium videri renascentium litterarum. Equidem aliquot novi recti iudicii viros, quibuscum saepe rem eandem contuli, prorsum nostrae sententiae omnibus calculis astipulantes. Amicus mihi quispiam est non vulgaris, sub quo primum puer praeceptore in Suevis Tubingae dialecticis merui annum unum aut alterum, hactenus ut fratre semper familiarissime usus, Franciscus Stadianus, eruditione ac vitae genere tali, ut a bonis ac doctis omnibus certatim diligi mereatur. Is Analytica posteriora Suevicae iuventuti anno superiore praelecturus a nobis Themistii libellos, quos Latine reddidit Hermolaus, accepit. Addidi quaedam e Philopono transcripta, neque enim Graeca omnia satis mihi probantur. Admonui insuper illic ab Aristotele rhetorica doceri. Legit relegitque et, quo est iudicio, protinus ad scopum advertit animum ibi re penitus cognita et pro felicitate ingenii sui aucta inlustrataque tot notabilibus, acceptionibus, distinctionibus exauctoratis, causam integram veluti recuperatorio iudicio restituit, scholae simpliciter ac candide summam rei τὸ ἄλφα καὶ ὦ traditurus. Ad haec male precatus nugis obnixe a me contendit, Aristoteli purgando socias manus adicerem: conaturum omnia sese pro viribus, uti artium elementa vindicta barbarorum liberarentur. Primi nominis studia a sordibus recipi non posse nisi purgatis adulescentiae rudimentis. Id fere quemque in summis posse, quod in infimis adsueverit. In summa, omnia sibi de grandioribus polliceri, si exercendae inventae ratio melior iniretur. Placuit amici consilium, et negotium una litterarium suscepimus. Dii reliqua secundent. Nunc quaeso vos, quanti facitis huius viri iudicium cum in aliis disciplinis οὐ παρέργως tum in hoc genere summa cum laude annos opinor decem versati?

Hoc egero vobiscum teste atque eo sane iurato non esse in his vulgatis stromatis, quod probari cuiquam praeter personatos quosdam professores, γάλλους μᾶλλον ἢ φιλοσόφοις, queat. Iratas habeam Musas, ni haec ita damnem, ut pro eis meliora felicioraque vos amplecti velim. Alioqui liberum per me cuique fuerit, quorsum vel usus vocat vel ingenium trahit, sequi. Sat scio nullum fuisse saeculum neque Graecorum neque Latinorum, quod non sit egregie nugatum philosophando, veteres aliquanto quam novi felicius. Quare adferas ad ea studia oportet animum acrem et curam, deinde magistrum adhibeas boni iudicii, qui seligat, quaenam et quatenus discenda sint. Dolet enim sanis esse, qui persuaserunt sibi, nisi haec nugalia didicerimus, non fore ex usu, quidquid studiorum adfectemus. Modestus vir Socrates erat, qui cum opinione sapientiae vulgo coleretur, dicebat hoc unum se scire, quod nihil sciret: illi contra hoc unum nesciunt, quod nihil sciunt. Atque utinam feliciter eos aliquando Ἑρμῆς ὁ λόγιος virga sua demulceat, ut expergefiant, ut desipere se agnoscant.

Vt evagarer longius, ipsa me rei indignitas perpulit. Volo enim fidem studiosis factam aliud quoddam litterarum genus utilius esse, quam sit, quod Copulata iactant, atque haec in rhetoricis nostris longius. Quin videamus, et hoc facile ne sit, hac enim se commendatione divendunt: quasi vero angustis adeo finibus contenta virtus esse debeat, ut quod cuique proclive sit aggredi, continuo idem honestum sit. Quantum aetatis homini datum est, nedum adulescentiam, insumunt, ut Euripos omnes, sic enim Nazianzenus vocat, Aristotelicos exhauriant, id quod nescio an unquam alicui contigerit. Subinde enim, quod exhauritur, influit, felicius id quidem, quam quod de Danaidum doliis ferunt. Adde quod cum se veri scientiam meditari gloriantur, plurimum operae fallaciis nectendisque dolis linguae navant, ut festiviter ludit Isocrates, cum ait: οἳ προςποιοῦνται μὲν τὴν ἀλήθειαν ζητεῖν, εὐθὺς δ᾽ ἐν ἀρχῇ τῶν ἐπαγγελμάτων, ψευδῆ λέγειν ἐπιχειροῦσιν. Deinde ex tot factionum diversis opinionibus vix unam aut alteram, quae sibi constet, reperias. Solent enim, ut ex veteribus theologis quidam primi nominis dixit, in omni humano dogmate falsis vera, veris falsa misceri καὶ τἀληθὲς πολλοῖς ψεύδεσιν ἐγκρύπτεσθαι, ut Dionysii verbis utar. Ibi vero quanto agas negotio, quibus auditorem perfugiis trahas, dum sententiae doctoris inter se conveniant, nimirum ut candida nigris: at nil refert, cadat an recto stet fabula talo, modo clamatum sit fortiter.

Quanto satius erat hic vel τὸ ἐπέχειν, novae Academiae amplecti. Vereor, ne molestum sit vobis audire tam inconditas nugas, alioqui exemplis haec comprobarem non paucis. Interim partium studiis disceditur, aluntur odia, friget humanitas, et cum a litteris nihil abesse debeat longius rancore, nam communia erant Musis et Gratiis quondam sacra, horum studia, quaecumque sunt, vel sola nutrit invidia. Sic imbuti, cum ad sublimia, theologiam, iuris scientiam aut rem medicam effetis iam annis pedem movent, quid aliud defectis ingenii viribus, quam quod in ludo consueverunt agant? Nugantur ergo bis pueri, senes, quamquam, si cui paulo felicior est genius, lusisse pudet, sed non incidere ludum.

Porro vobis, adulescentes, vestram gratulor felicitatem, quibus benignitate optimi ac sapientissimi principis nostri Friderici, ducis Saxoniae, electoris, contigit longe saluberrimis erudiri: fontes ipsos artium ex optimis auctoribus hauritis. Hic nativum ac sincerum Aristotelem, ille Quintilianum rhetorem, hic Plinium, tantum non ditissimum paedeiae ac veluti quoddam copiae cornu, ille argutias, sed arte temperatas docet. Accedunt, sine quibus nemo potest eruditus censeri, mathematica, item poemata, oratores, professoribus non proletariis. Haec si cognoveritis quo ordine tractanda sint, certo scio et facilia et admirandi profectus videbuntur.

Puerilia studia, quae appellant προγυμνάσματα, grammatica, dialectica, rhetorica, catenus discenda sunt, qua ad dicendum ac iudicandum instructus fastigia studiorum non temere adfectes. Iungendae Graecae litterae Latinis, ut philosophos, theologos, historicos, oratores, poetas lecturus quaqua te vertas, rem ipsam adsequare, non umbram rerum, velut Ixion cum Iunone congressurus in nubem incidit. Hoc quasi

viatico comparato per compendia καὶ εὐπετῶς, ut
Plato ait, philosophiam accede. Nam in ea sum plane
sententia, ut, qui velit insigne aliquid vel in sacris
vel foro conari, parum effecturum, ni animum antea
humanis disciplinis, sic enim philosophiam voco, prudenter et quantum satis est exercuerit. Nolo autem
philosophando quemquam nugari: ita enim fit, ut communis etiam sensus tandem obliviscare. Sed ex optimis optima selige eaque cum ad scientiam naturae
tum ad mores formandos attinentia. In primis hic
eruditione Graeca opus est, quae naturae scientiam
universam complectitur, ut de moribus apposite ac co-
piose dicere queas. Plurimum valent Aristotelis Mo-
ralia. Leges Platonis, poetae atque ii sane, qui et
optimi sunt et in hoc legi possunt, ut animos eru-
diant. Homerus Graecis fons omnium disciplinarum.
Vergilius atque Horatius Latinis.

Necessaria est omnino ad hanc rem historia, cui,
si ausim, me hercle non invitus uni contulero, quidquid emeretur laudum universus artium orbis. Haec
quid sit pulchrum, quid turpe, quid utile, quid non
plenius ac melius Chrysippo et Crantore dicit. Hac
nulla vitae pars neque publica neque privata vacare
potest. Huic administratio rerum urbanarum domesti-
carumque debet. Ac nescio an minore incommodo
mundus hic noster sole, animo videlicet suo, cariturus
sit quam historia civilium negotiorum ratio. Consensu
maiorum nostrorum celebratum est Musas ex memoria
natas esse, eo, ni fallor, significatum ex historia
omne artium genus manare.

Complector ergo philosophiae nomine scientiam
naturae, morum rationes et exempla. Quibus qui recte
imbutus fuerit, ille viam sibi ad summa munivit. Causas
acturus habebit, unde divitem rerum atque amplam
orationem condat, civitatem administraturus unde

aequi, boni, insti formulas petat. Nimirum haec philosophiae commoda Demostheni, clarissimo oratori, visa sunt, cur tam accurate eam adulescenti cuidam commendarit: νόμιζε δέ.., reliqua ipsi in Erotico legite.
M. Cicero nusquam non dedit philosophiae primas, et audistis opinor, quid ille in comparatione Servii Sulpicii et Q. Scaevolae iurisconsultorum; quendam σοφὸν Romani cognominarunt admirati uberem in eo philosophicarum rerum scientiam.
Verum quod ad sacra attinet, plurimum refert, quomodo animum compares. Nam si quod studiorum genus, sacra profecto potissimum ingenio, usu et cura opus habent. Est enim odor unguentorum domini super humanarum disciplinarum aromata. Duce spiritu, comite artium nostrarum cultu ad sacra venire licet. Sicut ad Herculianum Synesius scribit: ἐρρωμένως εὐθύμως διαβιώῃς, φιλοσοφίᾳ χρώμενος ἐς τὸ θεῖον ποδηγετούσῃ, ἀξιάγαστε.
Id si cui non videtur, cogitet praeter cetera et oreichalcum a Tyriis in templi Solymi fabricam conlatum esse. Itaque cum theologia partim Hebraica, partim Graeca sit, nam Latini rivos illorum bibimus, linguae externae discendae sunt, ne veluti κωφὰ πρόσωπα cum theologis agamus. Ibi se splendor verborum ac proprietas aperiet et patescet velut intra meridiana cubilia verus ille ac genuinus litterae sensus. Proxime cum litteram percepimus, sequemur elenchum rerum. Facessent iam tot frigidae glossulae, concordantiae, discordantiae et si quae sunt aliae ingenii remorae. Atque cum animos ad fontes contulerimus, Christum sapere incipiemus; mandatum eius lucidum nobis fiet, et nectare illo beato divinae sapientiae perfundemur. Ac cum in vineis Engaddi cyperum legerimus, occurret sponsus saliens super montes et transiliens super colles ductos in palatia Eden

הוֹרְק יִשְׁעִי succo liquido, fragrante, in pios animos
diffluente inunguet ac morte osculi dignabitur. Illius
membris inserti vivemus, spirabimus, vegetabimur Sion
contemplantes et silentio *κρυφιομύστῳ* Salem adoran-
5 tes. Hic caelestis sapientiae fructus est. Eam igitur
quam purissime non interpolatam nostris argutiis co-
lamus. Id quod cum aliquotiens inculcat Paulus, tum
in epistola ad Titum sedulo a Christiani hominis doctrina exigit *ἀδιαφθορίαν*, integritatem, hoc est, ne
10 lubrica sit fides, deinde *σεμνότητα*, munditiem, hoc
est, ne alienis litteris improbe sacra contaminemus.
Opinor, quod futurum sciebat, si sacris profana miscerentur, fore, ut simul profani adfectus, odia, studia
factionum, schismata, iurgia, consertim succederent.
15 Proinde qui divinis initiari volet, Adam illum veterem
exuat oportet, ut incorruptibilem Adam induat, hoc
est humanos adfectus ipsumque callidi serpentis iu-
gum supera virtute frangat, excutiat, ut in gloriam
domini transformetur in abyssum abyssus.
20   Hoc sane in causa erat, cur dicerem usu litterarum destitutam ecclesiam veram ac germanam pietatem traditionibus humanis alicubi mutasse. Postquam
hominum commenta placere coeperunt et amore ope-
rum nostrorum victi pro Manna Beelphegor gustavi-
25 mus, homines non *χριστοί* esse coepimus. Haec velim
ita dicere videar, ut sentio. Sentio autem omnino
aliud nihil, quam quod evangelicae veritati ecclesiae
decretis probatur, eritque mihi, quod illi dicunt צָבָה
וְסֻחֲרָה אֲמִתּוֹ. Iamne obscure intellegitis, quantum sit in
30 renascentibus studiis momenti, quantum ad excolendas
bonas mentes conducant? Quem non miserescat supe-
rioris aetatis, quae tam clara luce studiorum deserta
in Orci tenebras et nescio quas faeces litterarum incidit? Quem non tangat ingens nostri saeculi calami-
35 tas, quod et vetustis auctoribus nostratium incuria

orbatum est, deinde quod hi quoque lucri fecissent
ex bonis, ni perissent illi, desiderat.
Superest igitur, iuvenes, ut audiatis, quamquam
ita fere habeat, ut difficilia sint, quae pulchra sunt,
tamen ita vincet industria difficultatem, ut longe minore impendio bona quam mala vos sperem adsecu-
turos. Deligunt vobis praeceptores vestri, quae ex usu
est scire, frivola secernunt, atque ii Latina quidem.
Simul cum Latinis Graeca disci et debent et facile
possunt. Modo subsicivas aliquot horas Graecis date,
ego faxo studio ac labore meo, ne opera vos vestra
frustretur. Statim enim ab initio difficultatem rei
grammaticae optimorum auctorum lectione temperabo,
ut quod illic regula, hic exempla doceant. Accedet
obiter in auctoribus interim, quod ad mores vel rerum
secretarum scientiam pertinet: omnia si contuleritis,
pulcherrime absolvent orbem studiorum. Erit enim
curae mihi, ut pro re quae videntur diligenter ad-
moneam. Homerum habemus in manibus, habemus et
Pauli epistolam ad Titum. Hic spectare vobis licebit,
quantum sermonis proprietas ad intellegenda sacrorum
mysteria conferat, quid item intersit inter interpretes
Graece doctos et indoctos. In aliis nota mala pro
bonis ducantur, in hoc negotio diutius citra iacturam
ineptire non licet. Capessite ergo sana studia et
quod a poeta dictum est animo volvite: 'dimidium
facti, qui coepit, habet: sapere aude', veteres Latinos
colite, ‘Graeca amplexamini, sine quibus Latina tractari recte nequeunt. Ea pro omnium litterarum usu
ingenium alent mitius atque elegantius undequaque
reddent. Paucis annis prodiere in lucem, qui vobis et
exemplo et stimulo sint. Videor enim videre mihi
tacitus aliquot locis reflorescere Germaniam planeque
moribus et communi hominum sensu mitescere et quasi
cicurari, quae barbaris olim disciplinis effera nescio

quid immane solita est spirare. Proinde locabitis operam non modo commodo vestro eoque ad posteros propagando, sed omnino gloriae non intermoriturae principis omnium consensu optimi, qui nihil adscren-
5 dis bonis litteris habet potius. Equidem quod ad me attinet, nihil non connitar, ne defuisse vel pientissimi principis voluntati vel studiis vestris, optimi auditores, videar. Atque hoc me nomine vobis, clarissimi viri, academiae Saxonicae principes, addico ac devoveo,
10 vestrum erit adulescentiam meam bonis litteris consecratam, minime malis artibus imbutam, denique in fidem vestram sedulo commendatam benigne officioseque tueri ac conservare. Dixi.

III.

Necessarias esse ad omne studiorum genus artes
15 dicendi Philippi Melanchthonis declamatio.

(Eloquentiae encomium.)

Quemadmodum Hesiodo dolet nescire mortales, quantum et malva et albucum adferre commodi rebus humanis queant, tametsi viles herbae, ita nos quoque
20 non nunc primum querimur ignorare adulescentes, quantum momenti habeant ad solidam eruditionem parandam dicendi artes, quae in speciem nihil profitentur ciusmodi. cui vulgus applaudat, ceterum utilitate facile

res humanas omnes vicerint. Neque enim usquam quicquam est in tota rerum universitate, unde ad mortales ampliora commoda quam ex hoc artium genere redeant. Sed cum earum pretium iuventus ignoret, fit, ut plerisque sordeant minimeque dignae iudicentur, quibus discendis operam navent. Praeclarum est philosophum dici, magnificum iurisconsultum audire, theologico nomine nihil hoc tempore ad vulgus plausibilius est: dicendi artium, tanquam Megarensium, nulla ratio habetur.

Propterea visum est hoc loco ostendere, quae res maxime nobis earum studium commendare debeant. Atque hic mihi vel Pericleam vim optarim, dum stultam iuventutem in viam revocare contendo, quae elegantiorem litteraturam partim errore contemnit, quod ad reliquas disciplinas comparandas inutilem esse censet, partim inertia fugit. Est enim et litterarum perinde atque aliarum bonarum rerum ea natura, ut sine summo labore nemini contingant. Notum enim illud est: difficilia esse, quae pulchra sunt.

Quamquam qui rationem subduxerit, quantulo negotio quantum lucri faciat, qui commodorum magnitudinem ob oculos posuerit, hunc nullae res quantumvis durae ab harum artium studio deterruerint; quas nisi cognoris, ne dici quidem potest, quam infeliciter reliquas disciplinas tractaturus sis. Proinde aequis animis audite, quae me rationes adduxerint, cur elegantiorem litteraturam rebus humanis plane necessariam esse iudicem.

Primum, nemo tam vecors est, qui non videat nobis certa quadam loquendi ratione opus esse, qua dilucide explicemus animorum nostrorum sensa, quacunque de re vel publice vel privatim agendum est. Fortasse ridiculum fuerit hic disputare, quam necessarius homini sermo sit. Nam qui litteras contemnunt,

neutiquam videri volunt homini sermonem adimere, sed
orationis cultum aspernantur. Proinde quantum re-
ferat certam loquendi rationem teneri, paucis indica-
bimus. Nam qui recte rem aestimare volet, is intelleget
non ita multum interesse, mutus sis plane an artem
ad dicendum non adhibeas. Neque enim fieri potest,
ut quae sentis, sic exponas, ut intellegi queant, nisi
arte loquendi facultatem et pares et confirmes.
Vsu enim compererunt prudentes viri nihil esse
difficilius quam dilucide ac perspicue de re quapiam
dicere. Primum enim, nisi vim pondusque verborum
dicendo tueare, orationem tuam qui adsequetur auditor?
Nam cum usu velut nummi vocabula probentur, re-
ceptis utendum est, quae quia eloquentes homines
quasi per manus posteris tradidere, obscuritate vacant.
Superiore saeculo, cum sua sibi quisque verba cuderet et
peregrina Latinis miscerentur, eiusmodi conflata est
oratio, quae ne ab illius quidem aetatis hominibus intellegi potuit.

 Tantum abest, ut posteritas adsequatur. Quis enim
Scotum aut huius farinae alium scriptorem hoc tempore
intellegat? Deinde vix exercitatissimi praestiterint, nec-
ubi structuram orationis ac phrasin violent: quae si
vitiata fuerit, necesse est orationem obscuriorem
reddi. At hic quam multa efferunt improprie etiam
eruditi? Quotiens absurdis atque ineptis metaphoris
sermonem obscurant? Quis enim Apuleium et huius
simias ferat? Sed recte Apuleius, qui cum asinum re-
praesentaret, rudere quam loqui maluit.

 Postremo, ut verba phrasinque satis noris, diffi-
cillimum tamen est suo quaeque loco distribuere, alia
deprimere, alia attollere, quaedam breviter astringere,
alias evagari liberius, quaedam dissimulare ac tegere,
alia promere, ut tanquam inter umbras lumina exstent
atque emineant.

Est enim eloquentia omnino amplius quiddam quam tumultuaria verborum congeries. Verum video errore labi inventutem, quae cum nesciat eloquentiae cum vim tum naturam, non arbitratur pretium aliquod operae fore, cur eam sibi maiore studio contentioneque paret, et laudari a nobis professorculis putat vulgari more, quemadmodum sua unguenta solent pharmacopolae; nec optimorum prudentissimorumque hominum auctoritate commonetur, qui ad illius studium una voce adulescentes et communi classico invitant. Miseram hominum condicionem, quando, ut quaeque res optima est, ita longissime a conspectu nostro recessit minimeque agnoscitur. Nec dubitarim ego, quin, si oculis cerni posset eloquentiae dignitas, mirabiles, ut ille ait, amores sui excitaret. Sed cum casu iuventus, non ratione vivat, temerario quodam impetu ad ea delabitur, quae vulgo maxime celebrantur.

Quare si quis est non imprudens rerum aestimator, is apud se expendat primum nihil esse, cuius usus latius pateat quam sermonis commoda. Omnis hominum societas, ratio vitae instituendae publice ac privatim conquirendorumque omnium, quibus vitam tuemur, denique commercia omnia sermone continentur.

Deinde persuadeat sibi neminem apposite ac dilucide de ulla re dicturum esse, nisi qui arte quadam imitationeque optimorum et magna cura orationem ea lingua, qua publice utimur, formarit. Quod ubi animadverterit, haud dubie nihil prius, nihil antiquius habebit discendis loquendi artibus. Sive enim consilio alii iuvandi sunt sive docendi, sive tuendum est dogma aliquod, sive de iure, aequo ac bono disserendum est, nihilo plus efficias, quam in scaenis mutae personae solent, nisi arte elaboratam orationem attuleris, quae res obscuras tanquam in lumine conlocet.

Non ignoro esse, qui elegantiam a recte loquendi

ratione separant nec referre putant, modo rem indicent, qualicumque oratione utantur. Qui si rem propius inspexissent, neutiquam asciticium et supervacaneum ab eloquentiae professoribus fucum requiri iudi-
5 carent. Ipsa orationis puritas nativaque facies elegantia est: quam nisi tueare, non modo non venuste aut inquinate, sed improprie, obscure atque inepte dixeris. Et quemadmodum in fingendis corporibus ea demum elegantia est, ubi iusta proportione membra omnia
10 inter se consentiunt, si quid secus facias, monstrosum erit, ita cum germanam orationis speciem nova compositione deformaveris, monstrosam plane atque ineptam facies. Picus in epistola, qua barbaris philosophiae scriptoribus patrocinatur, ludens, credo, in ἀδόξῳ
15 argumento et elegantiam a recte dicendi ratione separat et explicari res qualicumque oratione posse censet. Huic equidem nihil succenseo, qui barbariem non magis ex animi sententia tuetur, quam febrim Favorinus laudabat. Hoc miror esse, quibus tam frivolae
20 argutiae serio persuaserint nihil referre, quomodo loquamur. An vero recte corpus imitabitur pictor, si nulla ratione penicillum regat, si temere feratur manus nec ducantur arte lineae? Ad eum modum nec animi tui sententiam aliis ob oculos posueris, ni propriis et
25 inlustribus verbis, apta vocum compositione, iusto sententiarum ordine utare. Nam perinde atque corpora coloribus, animi sententiam oratione repraesentamus. Quare necesse est dicendo certam aliquam imaginem arte concipi, quae discernat inter se tanquam vultus
30 sententiarum.

Flagitium est, si quis viae ignaro deviam semitam monstret: at qui recte dicendi cura vacant, quotiens lectorem a via abducunt? Quotiens unius verbi abusu ludificantur? Non semel imposuere in philosophia, in
35 sacris litteris soloecismi nostris interpretibus. Quis enim

omnium Pauli sententiam in Corinthiis adsecutus est, ubi grylli isti, elegantiae contemptores, verterunt: ex multis facierum personis etc. Quae Augustinum tempestas aufert, quo minus propositum teneat, in enarrando eo, quod est apud Ioannem: τὴν ἀρχήν, ὅ καὶ λαλῶ ὑμῖν?

Hoc genus exstant innumera passim, ubi mediocriter etiam eruditos barbarismi fefellerunt. Adeo non quovis orationis genere lectori satisfeceris, sed cura studioque paranda facultas est, qua animi tui sententiam perspicue aliorum oculis subicere possis omniaque commode, quae res poscit, eloqui, id est eleganter dicere.

Quin igitur elleborum propinamus iis, qui venustatem orationis fastidiunt, adeo a communi hominum sensu alienis, ut ne quidem, quid loqui sit, intellegant. Peperit elegantiam necessitas, quod et barbara omnia incerta sunt et quae oratoriis ornamentis inlustrata sunt, clarius percipiuntur. Nam in hunc usum adhiberi schemata Fabius scripsit neque unquam veram speciem ab utilitate recte dividi sentit. In sacris libris, ut interim profanos omittam, quid quaeso desideras rhetoricorum schematum? At his opinor non usuri erant prophetae, si nihil ad rem facere iudicassent.

Videtis, qua ratione vobis eloquentiae studia commendem, quod nec exponere, quae volumus ipsi, nec quae a maioribus recte scripta exstant, intellegere possimus, nisi certam dicendi normam perdidicerimus. Equidem non video, quomodo aliis hominum vice futuri sint, qui nec quae sentiunt explicare nec quod recte dicitur adsequi queunt. Quare ut nulla sit eloquentiae dignitas, nulla gratia, tamen ea vis est, ut non igni, non aere, ut aiunt, non aqua pluribus in locis utamur. Quomodo enim consistant res humanae, si legum sacrarum et profanarum patrocinium eloquentia deserat, si nec publicis nec privatis consiliis oratio, quae intellegi possit, adhibeatur, si res gestae nullis litteris ad posteros transmitti queant? Ecquod vestigium humanitatis in tali republica reliquum fuerit? Porro ab hac quantulum distabat aetas superior, cum sacrorum librorum sermonem prope nemo iam intellegeret cottidieque stultorum sophistarum arbitrio figerentur ac refigerentur sacrae leges? Res gestae illorum temporum aeternis obrutae tenebris iacent; nemo enim erat, qui eis litterarum lumen adhibere posset. Disciplinae omnes dicendi genere sic obscuratae sunt, ut ne doctores quidem ipsi, quid profiterentur, satis compertum haberent. Digladiabantur inter se de figuris sermonis philosophi, tanquam in tenebris andabatae, nec quisquam a domesticis suis plane intellegebatur. Recte ille Ἀνάχαρσιν παρ' Ἀθηναίοις σολοικίζειν, Ἀθηναίους δὲ παρὰ Σκύθαις. At isti domi suae ἐσολοίκιζον suamque singuli dialecton mira libertate comminiscebantur. Iures eis voluptati fuisse, non aliter atque Heraclito illi, ceteris mortalibus tenebras offundere.

Iam cum minime obscurum sit, quanti nobis eloquentiae contemptus constiterit, cur barbariem non abominamur tanquam nocentissimam pestem? Cur non magno consensu e scholis exsibilamus? cur ipsi nobis tantisper invidemus eloquentiam, qua nihil melius, nihil amplius in terris hic sol vidit?

Hactenus docuimus, quae cogat necessitas certam dicendi rationem sectari ac tueri; quae si quem parum movet, ei vero multo iustius asini auriculas dei addiderint quam Midae. Accedit huc non contemnendus studiorum eloquentiae fructus, quod earum artium usu, quibus eloquentia continetur, excitantur erudiunturque ingenia, ut res humanas omnes prudentius dispiciant, neque propius umbra corpus adsectatur, quam eloquentiam comitatur prudentia. De rebus humanis adhuc loquor, de sacris postea. Videbant inter se maiores nostri haec duo, bene dicendi scientiam et animi iudicium, natura cohaerere: quare et non inepti quidam orationem esse dixerunt explicatam animi rationem. Et Homerus poeta iisdem eloquentiam ac prudentiam tribuit. Mitto iam alios. Vlyssi, cuius orationem hibernis nivibus comparat, utrumque uno versiculo ascribit, cum inquit:

$\sigma o \grave{\iota}$ δ' $\check{\varepsilon}\nu\iota$ $\mu\grave{\varepsilon}\nu$ $\mu o \varrho \varphi \grave{\eta}$ $\grave{\varepsilon}\pi \acute{\varepsilon}\omega\nu$, $\check{\varepsilon}\nu\iota$ $\delta\grave{\varepsilon}$ $\varphi \varrho \acute{\varepsilon}\nu \varepsilon \varsigma$ $\grave{\varepsilon}\sigma \vartheta \lambda \alpha \acute{\iota}$.

Nec tempero mihi, quominus recenseam et Latine ab erudito quodam expressum:

Mente vales, iuncta est facundis gratia dictis.

O divinam sententiam multoque digniorem, quae iuvenilibus pectoribus sollicite inseratur, quam Delphica aliquot scita. Quid enim spectabat aliud optimus senex quam sic inter se copulatas esse prudentiam atque eloquentiam, ut divelli nulla ratione possint. Atque utinam sibi omnes adulescentes hunc versiculum propositum putent, quorsum tanquam ad scopum omnia studia sua rationesque dirigant sentiantque sibi omnem operam, curam, industriam, cogitationem, mentem denique omnem in his artibus parandis figendam esse, quarum Homerus haud dubie ob eam causam mentionem fecit, quod videri omnium rerum humanarum, ut sunt, et pulcherrimas et maxime utiles voluit.

Quid in consilio fuisse censetis veteribus Latinis, cur dicendi artes humanitatem appellarint? Iudicabant illi nimirum harum disciplinarum studio non linguam tantum expoliri, sed et feritatem barbariemque ingeniorum corrigi. Nam cultu perinde ac plerique silvestrem indolem exuunt, mansuescunt ingenia cicuranturque.

Duae sunt autem causae, cur recte dicendi studio animi iudicium acuatur. Prior est, quod qui iis artibus

operam dant, ad eiusmodi scriptorum exempla se
comparent necesse est, qui in maximis rebus geren-
dis ac tractandis versati summam prudentiam usu
consecuti sunt: quorum commercio fit, ut nonnihil iu-
5 dicii contrahant lectores et, tanquam qui in sole am-
bulant, colorentur. Solet enim iuvenilibus ingeniis exemplar aliquod recte dicendi sentiendique proponi, unde
et verborum vim et orationis structuram et explicandi
figuras discant. Nam et dicendi rationem perinde ac
10 ceteras artes imitatio adiuvat. Neque enim verisimile
est pingendi arti tantum ab Apelle venustatis gratiae-
que adici potuisse, nisi fingendorum lineamentorum
rationem multo ante ostendissent ii, qui primum μο-
νοχρώματα, deinde et κατάγραφα pinxerunt. Sic et
15 ex optimis scriptoribus concipienda est certa quaedam
et dicendi et iudicandi ratio καὶ ἰδέα, quam sequaris,
quacumque de re disserendum fuerit.

Proinde qui disertos scriptores in manibus habent,
secum expendant, quid in quovis potissimum mirari,
20 laudare imitarique deceat. Primi omnium sunt, ad quos
cognoscendos invitatur iuventus, poetae atque historici;
quos qui voluptatis tantum causa perinde atque in
conviviis citharistrias arcessunt, ne illi summorum
hominum aestimationem graviter laedunt. Nam et
25 prodesse illi voluere et bonas mentes optima potissimum delectant. Est itaque ab illis et dicendi forma
petenda et observandum, quid de communibus rebus
fere iudicaverint.

Saepe ridere soleo Graecorum grammaticorum
30 vulgus, qui ad physiologian totum Homeri carmen referunt mireque sibi placent, cum nova metamorphosi
belli nugatores ex Iove aethera, ex Iunone aerem faciunt, quae ne per febrim quidem unquam somniaturus
erat Homerus. Quanto satius fuerat ea ostendi, quae
35 ille lectoribus proprie admirationi esse voluit, proprie-

tatem ac lucem in explicando, carminis οἰκονομίαν, cum varia consilia, varios casus miro ordine recenset, cum aptas occasiones novis eventibus accommodat, quanta decori servandi cura, quanta sit item verborum ac figurarum copia varietasque iis locis, in quibus detineri lectorem volebat. Vides, quam minime frigida sit aut ieiuna seditionis descriptio in secundo Iliados. Nam et motus eius occasionem et ipsum vulgi furorem et seditiosas quorundam contiones, qui multitudini frigidam, quod aiunt, suffundebant, et Thersitae mores morumque argumentum, formam, duas item gravissimas eorum orationes, qui multitudinis animos sedabant, in quibus vehementior est Vlyssea, lenior Nestorea, bone deus, quam perspicue, quam graviter tractat, nec recte dicendi archetypum facile usquam reperias hoc loco absolutiorem, cuius elegantiam virtutesque omnes is demum propius cernet, qui imitari et exprimere stilo conabitur. Cave enim putes Homerum temere a M. Cicerone plane oratorem vocari aut inconsulte scripsisse Fabium excellere hunc poetam oratoriis omnibus virtutibus. Iam quae scaena res humanas verius repraesentavit quam Homeri carmen, ut fieri nequeat, quin obiter et rerum admiratione tangamur, cum dictionem consideramus. Offerunt sese ultro spectanda morum exempla, principum vulgique adfectus, varia rerum gestarum consilia; quibus nisi erudiri animos Arcesilaus sensisset, nunquam amasium suum Homerum vocasset. Mihi quidem omnium, quae hominum ingenia peperere, nullum prudentius Homerico scriptum exstare videtur. Nec dubitarim adfirmare, quod Horatius censuit, Homerum, quid rectum, quid utile sit, melius Chrysippo et Crantore docere. Quaeso, qui potuit regum temeritas festivius notari, quam cum fingit somnio commotum Agamemnonem universum exercitum Graecum in discrimen adducere? Constat enim, quam ob frivolas causas

nonnunquam omnia misceant principes. Quid in Achillis
clipeo? Nonne rerum elementa et clarissima sidera,
praeterea horum positus etiam ac meatus graphice
descripsit, unde postea et philosophi dimetiendi caeli
5 rationem accepere? Nam et eodem loco circumagi
Arcton inquit nec unquam occidere et e regione illi
oppositum esse Oriona: qua sententia bonam astronomiae
partem complexus est. Quid, quod ibidem et pacis
commoda et belli aerumnas inter se confert, cum duas
10 urbes, alteram pace florentem, alteram bello vastam
depingit, quo magis invisum, opinor, bellum rem per-
niciosissimam optimo cuique faceret? In pacata urbe
nuptiis locus est, exercentur iudicia, aguntur causae,
admirationi sunt oratores. In altera iugulantur liberi,
15 silent leges, mutum est forum, postremo miseranda est
omnium civilium rerum vastitas. Quid cedo potuit
hoc commento excogitari prudentius?

Neque enim plures Homeri locos hic attingere visum
est. Tantum hos indicavi, ut studiosis adulescentibus
20 fidem facerem bonorum scriptorum cognitione non os
tantum ac linguam, sed pectus etiam formari. Id opinor
in consilio quondam Graecis fuit. cur Homerum familiarissime notum esse suis hominibus voluerint. Solon
enim et Pisistratus lege constituerunt, ut illius carmen
25 ordine digereretur. Nam aureo illo saeculo adhuc sua-
rum partium principes esse sentiebant praestare, ne
quod utile scriptum intercideret. Nunc regium nihil
est, nisi idem sit *ἄμουσον*. Mox institutum est, ut a
rhapsodis seu Homeristis publice in theatris decantaretur
30 Homericum poema, ut divino carmine iuvenum aures
assiduo personarent essetque semper in promptu recte
dicendi iudicandique regula.

Felicissime cum Homero certavit ex Latinis Vergilius, planeque par, nisi fallor, utrique laus, sive dic-
35 tionem spectes sive sententiarum gravitatem, debetur.

Quid tragici, quam multis exemplis tyrannorum mores et fata proposuere? Quid comoedia nisi privatae vitae speculum? In universum quid praestare studiosis poetica possit, indicavit Fabius. Ego figurarum copiam prae-
5 cipue nostrae orationi suppeditare video varietateque rerum animos tum erudire tum delectare. Historia iudicium formari dicendique facultatem augeri Demosthenes censuit, cum Thucydidem adeo familiarem sibi fecit, ut octies etiam descripserit. Amavit et Xenophontem
10 Cicero. Et cum universa historia πολιτεία quaedam sit, varias constituendarum rerum publicarum formas adumbrat. Nam ut hic nihil aliud dicam, quid admirabilius est τῶν πολιτειῶν conlatione apud Herodotum, ubi Persarum satrapae alii δημαρχίαν, alii ὀλιγαρχίαν,
15 alii μοναρχίαν probant? Quo loco vides gravissimum scriptorem morbos omnes vitiaque civitatum velut in tabula depinxisse. Verum nemo tam imprudens est, qui non hoc consilio animadverterit conscriptas esse historias, ut omnium humanorum officiorum exempla
20 tanquam in inlustri posita loco cernerentur. Quae si nihil ad erudiendos excitandosque mortalium animos conducunt, quid fuit, cur Scipio senserit se clarorum virorum imagines intuentem ad virtutem accendi?

Oratores cum respublicas administrarint et in iu-
25 diciis versati de iure, aequo ac bono tam multa disseruerint, consentaneum est pleraque utiliter monere. Quis enim philosophiae moralis locus est, quem non attigerint Demosthenes ac Cicero? Optimam πολιτείαν nemo philosophorum sic ἐζωγράφησε atque illi in ac-
30 tionibus suis, cum in improbos ac seditiosos cives tanquam ferrum stilum stringunt, cum adversus hostilem vim respublicas consilio muniunt. Quid de pace popularius veriusque excogitari potuit, quam quod in ea oratione, qua legem agrariam dissuadet, Cicero dixit?
35 Quid civilius ea legum praedicatione, quam ex Demo-

sthenica oratione *κατ' Ἀριστογείτονος* iurisconsulti in suos commentarios transtulere? Sed quorsum attinet hic prolixius scriptorum *ἐγκώμιον* texere? Quin ipsi periculum facite, quid ex classicis quisque praestet, 5 quanta perspicuitate gratiaque omnia explicet, quam prudenter omnia conligat, quae ad institutum pertinent. Nisi enim ad horum imitationem te componas, prorsus desperanda est recte dicendi iudicandique facultas.

Superest, ut indicemus et alteram causam, cur elo- 10 quentiae studiis iudicium acui statuerimus. Id vero fit, quod bene dicendi cura per sese vegetiorem animum reddit, ut quid in quaque re maxime conveniat aut prosit, rectius perspiciat. Nam ut corporum robur exercitio confirmari videmus, ita fieri nequit, quin hebe- 15 scant eorum animi, qui nullo ingenioso labore excitantur. Nemini dubium est, quin multum conducat bonorum scriptorum lectio. Verum nisi ad illam scribendi dicendique consuetudo accesserit, neque perspicere satis acute poteris illorum sententias ac virtutes neque animo 20 certam iudicandi commentandique regulam concipere. Propterea ad comparandam tum loquendi tum iudicandi facultatem nihil perinde necessarium est atque stili exercitium. Quid enim aliud volebat Afranius, cum fingeret usu patre sapientiam prognatam esse quam 25 assiduo dicendi commentandique studio animum expergefieri atque erudiri? Reliquit in eam sententiam dignam memoria posteritatis vocem Anaxagoras, *τὴν χεῖρα σοφίας αἰτίαν εἶναι*, quod videbat artes omnes usu comparari otioque ingenia fere sterilescere.

30 Nam ut mechanicas artes experiundo discimus neque quisquam tam demens est, qui se mox Apellen fore confidat, ubi penicillum primum in manus acceperit, ita multo usu adsuefacienda mens est, ut sese acrius in omnia intendat. Itaque tantum stilo tribuit M. Cicero, 35 ut optimum et praestantissimum dicendi effectorem ac

magistrum esse scripserit solitusque sit per otium alias
e Graecis Latina facere, alias nova cudere, alias declamare; qua industria et ingenii vim ac vigorem tue-
batur et locupletabat facundiam. Sic enim de se ipse
in Bruto, ne quid temere comminisci videar: nos autem
non desistebamus cum omni genere exercitationis tum
maxime stilo nostrum illud quod erat augere, quantumcunque erat. Demosthenes aliquamdiu meditandae orationis causa se in specum quendam abdidit, feruntque
pertinacissime fraudato genio lucubrare solitum, est-
que Plutarchus auctor lucernis noctu usum esse as-
siduis, donec quinquagesimum annum attigit. Didicerunt
enim usu prudentissimi homines, quam non vulgaris
artificis sit dilucide apteque dicere. At ex nostris iu-
venibus quotusquisque vel perpetuo decennio unum ali-
quem versiculum scribere instituit? Plerique compen-
diariam viam ad consequendam eruditionem esse cen-
sent, si quam plurima audierint aut legerint. Itaque
alii totos dies sursum ac deorsum currunt, scholas
omnes perreptant, praeceptores passim audiunt miran-
turque non intellectos, dictata excipiunt, uncialibus
litteris elenchos commentariorum notant, minio inlu-
strant. In pretio sunt interpretes, qui quam plurima
dictando tempus extrahunt, nec quisquam semisse praeceptorem emerit, qui ab hac consuetudine vel trans-
versum unguem discesserit. Rursum alii domo nusquam
pedem proferunt librisque se tanquam pistrino cuidam
addicunt, chartas volvunt ac revolvunt, beatos se putant, ubi cottidie magnum numerum chartarum percur-
rerint. An non utrique miseri videntur, cum tanto
labore tantaque valetudinis iactura desipere tantum
discant?

    Primum enim nisi stilo excitetur animus, per sese
hebescit, deinde cum immodica se vel auscultatione
vel lectione obruunt, ingeniorum aciem, si qua contigit,

obtundunt. Iam et iudicii inopia fit, ut fere pessima quaeque cupidissime audiant ac legant, ne non multa pervagentur. Quos si quis ceu domum revocatos interroget, quid hac discendi ratione sequantur, quis finis, quae meta animo proposita sit, intelleget non aliter ac mente captos, quid agant, nescire. Nec enim vel sententias vel sermonem scriptorum observant, cum imitandi cura vacent. Tantum oculis auribusque negotium faciunt, animus interim Epimenideum quendam somnum dormit, et cum nullum certum exemplar exprimere studeant, fit, ut et dicendi et iudicandi ratio depravetur.

Gratulatur sibi Demosthenes apud Athenienses dicturus, quod ipsi per sese, quae optima sint, cernant. At nos stili exercitium praedicamus his, qui nunquam periculum rei fecerunt, nec commodorum, quae secum haec exercitatio adfert, vim amplitudinemque vel per transennam viderunt; quo magis metuo, ne parum fidei habeat oratio nostra, cum stilo tantum tribuimus. Verum si quis est non plane iniquus Musis, is apud se expendat, quae veteribus docendi discendique ratio fuerit, qua disciplinae omnes non tantum inlustratae, sed etiam auctae sunt. Pauci in ludis litterariis auctores, sed hi optimi proponebantur, quos imitaretur iuventus. Et quemadmodum de re rustica praeceptum est, ne maior fundus sit, quam qui coli probe possit, ait enim Vergilius:

    Laudato ingentia rura,
   Exiguum colito,

sic illi, cum viderent nec perdisci nec exprimi posse multos feliciter turbaque scriptorum confundi potius quam erudiri iuvenilia ingenia, pauciores admittebant, quos sibi studiosi quam familiarissimos facerent. Declamabatur item assiduo, scribebant alii versus, alii solutam orationem. Et quia inter se bene dicendi studio certabant, cura sollicitudoque iudicium acuebat.

Quo instituto cum nullum iucundius erat spectaculum, tum nihil privatim aut publice utilius fieri potuit. Nam ex huiusmodi ludis prodiere clarissimi superioribus saeculis homines, Graeci ac Latini, plerique etiam
5 Christiani; quos si imitari studerent nostri, bone deus, quanto res humanae magis florerent et sacrae litterae felicius tractarentur. Porro cum veteres tantum operae in exercendo stilo posuerint, cum nec eruditio nec eloquentia mediocris citra hoc studium parari queat,
10 cum intellegi non possint, quae ab aliis prudenter scripta sunt, nisi ipsi stili usu ingenia excitemus, sinite quaeso a vobis impetrari, ut stilo nonnunquam vestras vires experiamini. Rem postulo non perinde difficilem atque salutarem, neque enim aliunde studiis
15 vestris amplior accessio fiet.

Ludes autem et versiculos et solutam orationem: video enim putidiuscule dicere, quotquot poeticen non attigerunt, planeque humi repere nec verborum pondus aut ullam figurarum vim tenere. Iam cum asperas
20 confragosasque compositiones multo sit facillimum in versibus deprehendere, fit, ut qui carmen condunt de solutae orationis numeris rectius iudicent. Et haud scio, an de litteris omnibus actum sit, ubi poetice fastidiri coeperit. Fit enim, ut ornatus splendorque
25 verborum nullo in pretio sit, minore cura scribatur, oscitantius legantur omnia, rerum inquirendarum studium frigeat.

Quare et Romanis temporibus poeticae contemptum incredibilis inscitia rerum omnium infantiaque secuta
30 est. Et nuper adeo, cum nostri homines versiculos facere coepissent, cum litteris melioribus in gratiam rediere. Nec video ego conservari posse, quidquid illud est elegantiae, quod hoc saeculo refloruit, nisi exercendo stilo carmen inventus meditetur. Sensit et M.
35 Cicero facundiam versibus scribendis ali eamque ob

causam et saepe scripsisse carmen et poetarum perstudiosum fuisse constat. Vidit posteritas pleraque eius epigrammata, exstantque hodie loci aliquot inlustrium poetarum ab ipso Latinis versibus luculen5 tissime expositi. Plinius orator editis etiam poematis testatur hoc studio dicendi vim adiuvari. Proinde qui discendo bonas horas bene conlocare volent, veterum exemplum imitentur stiloque, ut Quintilianus ait, fideli et facundiam parent et iudicium acuant. Vehementer 10 enim falluntur, si quid sine hac exercitatione promoturos se in litteris sperant. Mare vitem citius ferat, quam eruditionem aut dicendi facultatem consequatur is, qui tanquam mandragora sopitus nunquam incalescit, ut ingenium commentando expergefaciat.

15 Exposui, quae me rationes ad artium dicendi studium invitent, nempe quod et certa dicendi ratio observanda sit et harum artium usu studiosis nonnihil iudicii accedat. Quae si quis ad se nihil pertinere sentit, is haud dubie ab omni humanitate longissime 20 abest. Contra boni, ubi commodorum vim, quae ad nos a sermone redeunt, contemplati fuerint animadverterintque et certa ratione dicendi opus esse et his artibus ingenia cultiora reddi, velis, ut aiunt, ac remis ad haec studia properabunt.

25 Verum sunt non parum multi praesertim hoc tempore, qui bonorum cursum morantur; hi ad theologicarum litterarum tractationem negant dicendi artium scientiam conducere, cepitque hic error ceu contagione quadam late vagatus plurimos, qui, ne non valde 30 theologicari videantur, humaniores disciplinas omnes contemnunt. Ego vero serio illos theologicari optarim eaque praestare, quae Christianam mentem decent. Nunc video theologicum nomen ignaviae tantum praetexi, ceterum nihil minus esse, quam quod profitentur. 35 Nam dum piget elegantiam discere seque difficilli-

mis scriptoribus evolvendis exercendoque stilo macerare (neque enim ullarum litterarum cognitio sine acri studio contingit), si quando domum bene poti rediere, contiunculam aliquam legunt, inde ubi decerpserint, quae ad stomachum faciunt, passim in conviviis (nam ibi potissimum sapiunt) declamant; et quia vulgus applaudit, iam vero sibi tantum non absoluti theologi videntur, cum de gravissimis rebus obsceni homines impuro ore, nulla religione disputent. Et cum vetet Paulus $καπηλεύειν\ λόγον\ θεοῦ$, nemo impudentius cauponatur verbum dei quam hi, qui cum nec moribus nec eruditione bonis se probare possint, vulgi favorem impia sacrarum litterarum tractatione emerentur. Quid multa? Videas eos aspernari litteras nostras, quibus res bonae honestaeque omnes, quibus pietas, quibus mores publici, immo quibus Christus ipse fabula est. In quos, si bene constitutam haberemus rempublicam, non nos oratione, sed vi magistratus animadverteret. Quam enim crucem non merentur hi, qui, ut praeterea nihil peccent, exemplo suo iuventutem a litteris avocant? Quae nisi discantur, posteritatem sumus habituri nihilo saniorem superioribus saeculis, cum litterarum imperitia res omnes humanas ac divinas labefactasset. Quin igitur sic cogitamus, olim cum gravissime succenseret ecclesiae deus, ereptas esse litteras, secuta est et sacrarum inscitia. Nam cum nostris verbis loqui deus voluerit, de sermone divino inepte iudicaverint imperiti artium dicendi. Porro quae illis temporibus caecitas mentes hominum tenebat? Christum quotusquisque norat? Immo chartae iam obsoleverant, quibus continebantur sacra. Articulos Parisii condebant, quos interim mundus tanquam divinas leges adorabat: pium nihil erat, nisi quod illi somniassent. Et belli homines, cum litteras nullas tenerent, unde sapere discerent, fatuam illam

sophisticen pepererunt coeperuntque rixari de commenticiis verborum compositionibus, ne non rhetoricarentur, quid intersit inter haec: Papam vidi et vidi Papam. Exstatque hodie articulus Parisiensis: Ego
5 currit, male Latine dici, haereticum esse, quisquis dissenserit. Satin videntur ultae contumeliam litterae neglectae? Quis enim credat cerebrum fuisse talium nugarum auctoribus?

Haec vero calamitas magna ex parte litterarum
10 inscitiae imputanda est; non enim patebant sacra tanquam interclusa virgultis ac frondibus, unde mentis recte erudiendae ratio pateretur, neglegebantur et diserti scriptores, qui monerent humana. Quanto tolerabilius fuerat pestilitate aut annonae caritate plecti
15 ecclesiam quam tanta amentia? Planeque mihi persuadeo certum esse divinae irae exemplum, si quando mundo litterae eripiuntur. Nam reliquis poenis pii quoque non raro multantur; at litterarum inscitiam publica comitatur impietas. Nuper vero, cum respicere
20 adflictos iterum coepisset optimus pater essetque redditurus nobis evangelium, pro sua liberalitate et litteras restituit, quibus evangelii tractatio adiuvaretur. Nec magis novum videri debet donum linguarum apostolis conlatum, quam quod hac a tanto squalore
25 receptae ex tenebris plus quam Tartareis in lucem revocatae sunt.

Nec in obscuro est bonis quibusdam viris auxilio fuisse litterarum scientiam in theologia restituenda. Primum itaque ingratitudo fuerit caeleste donum asper-
30 nari, deinde cum beneficio litterarum restituta sint sacra, impii simus, si nullam harum rationem habeamus, sine quibus stare res theologica non potest. Et ut paucis exponam, quid iudicem ad sacrarum litterarum tractationem conferre linguarum scientiam, non
35 sum in eo errore, ut humani ingenii industria sacra

penetrari statuam. Sunt in sacris, quae nisi monstrante deo nemo unquam cernat, nec innotescit nobis Christus, nisi doceat spiritus sanctus. Sic enim Christus ipse inquit a spiritu se δοξασθῆναι. Verum praeter prophetiam vis verborum cognoscenda est, in quibus tanquam in sacrario quodam divina mysteria recondita sunt. Quid enim si non intellecta verba magico more pronunties? Nonne surdo fabulam? At de sermone iudicare nemo recte poterit, nisi qui recte dicendi rationem perdidicerit. Quid enim magis proclive est quam verbo aliquo aut schemate falli? Nuper quidam ex magistris nostris cum enarraret ea, quae de Melchisedec in Genesi prodita sunt 'rex Salem panem ac vinum obtulit', non animadvertens Salem loci nomen esse, multa de condimenti vi ac natura disseruit: imposuit enim bono viro vocum affinitas. Nam oscitantius omnia legunt, qui ingenium dicendi artibus non exercuere.

Deceperunt et eruditos figurae, adeo nulla exercitatio dicendi ac scribendi satis cautos facit. Interrogabat me pridem doctus quispiam homo, ecquid sibi vellet Paulus, cum inquit in epistola ad Timotheum: 'salvatur mulier per filiorum generationem, si in fide permanserint' (nam Graeci plurali numero verbum extulere). Ego cum non haberem, quod apte responderi videretur, commentarios consulo. Ecce vobis Chrysostomum, quam belle nugatur, cum verbum μείνωσι ad sobolem refert. Quod quam non conveniat sententiae Paulinae, facile est indicare. Nec videt senex ille synthesin esse grammaticam, cum universum sexum plurali verbo complectitur. Similia horum exempla non rara suppeditabit cottidianus scriptorum usus.

Postremo quam aliam ob causam sophistae sacris libris ablegatis novum theologiae genus repperere, quam quod illorum sermonem et disserendi rationem non

adsequebantur? Quorum exemplum si quem a barbarie
non deterret, is fustuario, non oratione castigandus
est: nam si perrexerit iuventus bonas litteras contemnere, haud dubie futurum est, optimis neglectis, ut
5 rursus sacrae bonaeque res omnes pessum eant. Fallitur
enim, quisquis verbis tantum, non etiam mente barbaros
fuisse theologastros istos censet. Iam si quando ec-
clesiasticum dogma tuendum fuerit, quid quaeso prae-
stabit is, qui quid sentiat, explicare non potest? An
10 confusaneam aliquam ac Stoicam orationem adferet,
in qua de verborum interpunctione rixetur? Ab hoc
auditor cum exspectarit perspicuam sacri dogmatis tractationem, perinde atque hians corvus discedet diu
frustra molestis distinctionibus fatigatus. Itaque quos
15 pietatis tenet studium, ii vel Christo vel publicae
necessitati ecclesiae hoc praestent officii, ut recte loqui
discant. Vocat huc etiam Paulus, cum in Corinthiis
linguarum studium probat, cuius auctoritas merito apud
vos valere debet, quibus in ore tam multus est.
20 Indicavi paucis, quid ad litterarum profanarum ac
sacrarum tractationem conducat recte dicendi scientia.
Nunc vestrum est cum elegantiore litteratura in gratiam redire camque cupide amplecti. Video plerosque
intempestive properare ad graviores, ut vocant, disci-
25 plinas, quosdam ad iura discenda, ad medicinam spes
quaestus rapit, alii ad theologiam contendunt, prius-
quam robur aliquod fecerint in studio artium dicendi.
Qui si suo quaeque ordine aggrederentur, bone deus,
quanto rem felicius gererent? Nunc male tentato com-
30 pendio ipsi sese morantur.
Fuit apud nos morio quispiam, qui in heri culinam
ex more ligna ferebat. Is solitus est ex infima strue ea
revellere, quae moveri sine magno negotio non poterant.
Interrogatusque, cur id fieret, respondit se difficillimam
35 laboris partem primum confecturum, summa illa facilius

moveri nec vidit, quantum referret singula ordine tollere. Huius mihi persimiles videntur, qui fastiditis his artibus ad sublimia provolant. Nam et augetur discendi labor et incommodius omnia tractantur, cum nondum sint perpoliti primis rudimentis. Deum immortalem, quam infeliciter cessit maioribus nostris haec praecipitantia. Nullum genus artium superioribus saeculis non foede conspurcatum est ab his, qui cum elegantiores litteras non attigissent, in optimas quasque et gravissimas disciplinas tanquam in rosas porci inruerunt. Theologia stultis et impiis quaestionibus prorsus obruta est. Qui philosophiam professi sunt, ne nomen quidem artis satis intellexerunt. De iure, aequo ac bono fieri non potuit, ut quicquam sani comminiscerentur hi, qui elegantioris litteraturae rudes erant, quod et ipsum disciplinae genus ex mediis humanitatis artibus derivatum sit et veterum iurisconsultorum litterae plenae sint priscae veraeque eruditionis. Neque nunc ego sermonis spurcitiem tantum in artium professoribus accuso, sed impudentiam, a quo se vitio adserere non possunt, quorum ingenia dicendi artibus non sunt exculta.

Quare non cesso vos adhortari ad elegantiae earumque artium studium, sine quibus disciplinae reliquae non possunt non infelicissime tractari, quod a vobis par est ut vel publica necessitas impetret. Nam ubi disciplinas graviores vitiarit barbaries, periclitari solent et hominum mores. Est enim multo verius hoc comparari mores ex doctrina, quam quod Plato scripsit, ex musicorum cantibus. Dixi.

IV.

Oratio Philippi Melanchthonis
in laudem novae scholae

habita Noribergae in corona doctissimorum virorum et totius ferme senatus. MDXXVI.

Quod vobis et liberis vestris et universae reipublicae faustum felixque sit, amplissimi viri, quemadmodum optabatis, ludum litterarium aperiunt hi, quos huc publico consilio ad docendas honestas disciplinas arcessistis, idque vobis mea voce publice denuntiare voluerunt. Nam cum in scaena hoc servetur, ut ante actionem de poetae voluntate seu de fabulae argumento dicat prologus, postulaverunt a me isti pro iure amicitiae, quae mihi cum ipsis pervetus est, ut ego velut fabulae ab ipsis agendae prologus fierem. Neque mihi fuit integrum eorum voluntati deesse, tametsi impudentia erat committere, ut primas in dicendo partes facundissimis propemodum hominibus praeripere viderer. Sed vel cum aliquo meo periculo coniunctissimis hominibus fuit obsecundandum et suscipiendae partes, quas non ipse mihi ultro sumpsi, sed illi suo iure imposuerunt.

Quoniam autem hic locus postulat, ut consilium vestrum, quod de constituenda schola cepistis, ornemus, optarim hanc causam a facundioribus agi, qui pro dignitate praedicare et magnitudinem rei oratione aequare possent. Nam mihi in hac infantia mea verendum est, ne culpa ingenii laudes vestras deteram minime vulgaris sapientiae et propemodum divinae.

Etenim quod perspexistis vim et utilitatem litterarum, ignotam vulgo longissimeque a conspectu multi-

tudinis positam, conservandas esse et adserendas ab
interitu indicastis, praesertim hoc tempore, cum ubique
periclitamur, id profecto divinae cuiusdam sapientiae
est. Quae enim alia res maiores utilitates toti generi
humano adfert quam litterae? Nulla arte, nullo opi-
ficio, non hercule frugibus ipsis terra natis, non denique hoc sole, quem vitae auctorem multi crediderunt,
tantopere opus est atque scientia litterarum. Nam cum
sine legibus ac iudiciis et sine religionibus nec teneri
respublicae nec congregari coetus hominum gubernari-
que possint, hominum genus ferarum ritu vagabitur,
si hae occiderint, unde bonae leges procreatae sunt,
nati boni mores et humanitas, per quas propagata
religio ad nostram memoriam durat. Si quis parum
fidei huic meae orationi habet, is earum nationum mores
et vitae genus consideret, quae nullas norunt litteras,
quod ferunt de Scythis.

 Hi primum nullas habent civitates legibus constitutas,
iudicia nulla, ius est, quidquid fecerunt hi, qui aut
viribus aut factionibus plurimum pollent, foris nulla
commercia cum vicinis, nulla rerum commutatio, unum
adversus famem praesidium est latrocinari multos, etiam
hospitum carnibus victitare fama est, domi vero non
modo disciplina nulla, sed etiam adfectus illi, quos
natura communiter generavit in animis hominum, fides
coniugalis, amor sobolis, caritas propinquorum et
familiarum, barbaris moribus exstincti sunt. Nulla est
scientia educandorum liberorum, sine qua boni viri
nulli fiunt, nulla virtutis admiratio, nullus intellectus
honesti, nullae honestis officiis copulatae amicitiae, non
humanitatis ullus sensus, postremo nullae de religione
deque voluntate dei erga mortales rectae opiniones.
Sic in genere sunt barbari alii plus, alii minus imma-
nes. Cyclopicam quandam vitam agentes.

 Nam cum in huiusmodi barbariem harum gentium

mores degenerare necesse sit, nisi litteris ad virtutem,
ad humanitatem, ad pietatem excitentur ac formentur,
praeclare sapienterque a vobis factum est, qui in
urbem vestram honestas disciplinas, alumnas omnium
5 virtutum, arcessistis quique pro viribus illas tueri et
conservare studetis.

Porro his duris temporibus in primis meretur
laudari vestrum consilium, cum periculum est, ne
naufragium litterae in hoc fatali motu rerumpubli-
10 carum faciant. Nam errore quodam vulgi scholae
deseruntur. Quidam enim stulti contionatores a litteris
abstrahunt, magna pars ventri metuens ad quaestuosas
artes se recipit, postquam spes abiecta est sacerdotum reditibus victitandi, quos solos laboris sui praemia
15 esse putabant. Quotusquisque enim tantopere virtutem
miratur, ut gratis eam colendam esse ducat?

Cum in hoc discrimine sit res litteraria, decuit
omnes reges ac principes rerumpublicarum pericli-
tantibus disciplinis opem adferre. Sed nostri reguli
20 partim ita crassi sunt, ut pretium litterarum non intellegant, partim ita mali, ut tyrannidi suae expedire
credant leges omnes, religionem et civilem disciplinam
semel aboleri. Quid de episcopis dicam, quos et sacris
et studiis litterarum nostri imperatores praeesse volue-
25 runt? Nec aliud fuerunt olim collegia sacerdotum
nisi scholae et, ut otium ac sumptus discentibus ab-
unde essent, amplissimi reditus collegiis constituti
sunt. Nec omnino infeliciter apparet olim ab eo genere
hominum tractatas esse cum alias litteras tum sacras.
30 Nunc videmus nusquam esse infestiores hostes bonarum artium quam in illis sacerdotum sodaliciis.

Proinde necessario tempore vobis in mentem venit
exsulantes suis sedibus litteras hospitio excipere et
tanquam domum deducere. Non pigeat adiecisse hoc
35 decus reliquis ornamentis urbis vestrae, quae iam

4*

ante opibus, aedificiis, opificum ingeniis ita floruit, ut conferri cum quavis laudatissimarum urbium apud veteres recte possit. Neque alia urbs in Germania doctiores hactenus cives habuit, qui quia ad gubernandam rempublicam scientiam optimarum artium adhibuerunt, effecerunt, ut reliquis Germaniae urbibus haec longe praestaret omnibus. Nunc autem cum hic domicilium honestis disciplinis constituitis, ad illum cumulum laudum vestrarum incredibile est quanta fiat accessio. Nam si pergitis excitare hominum studia ad discendum, praeclare merebimini primum de patria et de exteris. Cum vobis auctoribus recte fuerit instituta inventus, praesidio patriae erit: non enim ulla propugnacula aut moenia firmiora urbium munimenta sunt quam eruditione, prudentia et aliis virtutibus praediti cives. Spartanus dixit muros debere ferreos esse, non saxeos. Ego vero non tam armis quam prudentia, moderatione et pietate defendi existimo.

Deinde pertinebit hoc beneficium vestrum ad reliquam Germaniam, quae huc, modo faveat deus incepto, excolendam erudiendamque iuventutem missura videtur et eos in primis idoneos ad moderandas respublicas iudicabit, qui in hac urbe tanquam in ludo ad virtutem instituti et adsuefacti fuerint. Vehetur huius urbis nomen summis laudibus ab hospitibus apud exteros, et vestro beneficio devinctos animos hominum tenebitis, quae vos hominum iudicia, nisi fallor, magis quam ulla imperia delectabunt.

Quamquam autem haec urbs plerisque dotibus vel cum Massilia aliisque quibusdam urbibus veteribus certare possit, tamen malo iam earum urbium exempla vobis proponere, quae nostris temporibus florere praedicantur. Maximum beneficium paulo ante haec tempora in universam Europam urbs Florentia contulit, cum primum Graecarum litterarum professores patria

pulsos iussit ad se deverti et non modo hospitio invit,
sed etiam reddidit illis sua studia, postquam amplissi-
mis stipendiis ad docendum invitavit. In reliqua Italia
professores artium e Graecia profugos nemo aspicie-
bat, et una cum Graecia linguam et litteras Graecas
amisissemus propemodum, ni Florentia doctissimos homines calamitate levasset, quod absque Florentinis
fuisset, futurum fuit, ut prorsus obsolesceret Latina lingua
sic vitiata barbarie conspurcataque: et Graecae linguae ne quidem ulla iam vestigia exstarent, et occi-
dissent una monumenta religionis nostrae, nec iam
sacrorum librorum titulos amissa Graeca lingua quisquam intellegeret. Nam Romae misere esuriebant ex-
sules illi, cum pontificiae opes praecipue conlocari
deberent vel in calamitosos vel in eos, qui tractatione
litterarum religioni operam navarent.

Theodorum Gazam, bone deus, quantum virum
aiunt, cum illos Aristotelis et Theophrasti libros in
Latinam linguam versos pontifici offerret, codicem ex-
hibuisse sumptuosius ornatum, ibi pontifex interrogans,
quanti ornasset librum, nihil praeter eos sumptus re-
pendit, nulla auctori pro laboribus, quos in difficillimo
opere vertendo exhauserat, reddita merces. Porro ad
exemplum pertinebat ampliora praemia dari vel pro
libro non perinde utili, ut ille erat. Sed nec utilitas
operis permovit pontificem ad remetiendam gratiam
uberiorem. Sed postquam Florentinorum beneficio honestae artes reviviscere coepere, magna utilitas inde
ad omnes gentes derivata est, multorum ubique ex-
citata sunt ingenia ad optimarum rerum studium.
Nam et Latinos homines Graecorum aemulatio ad
patriam linguam instaurandam, quae paene funditus
conlapsa erat, exstimulavit. In urbibus leges publicae
emendatae sunt, denique expurgata religio, quae iace-
bat ante monachorum somniis obruta et oppressa.

Qua de re quamquam variant hominum iudicia, tamen ego sic existimo bonos viros rectius pervidere vim naturamque religionis hoc tempore firmiora solacia conscientiae tenere, quam fuerunt illa, quae paulo ante monachi tradiderunt. Non dubium est igitur, quin praeclare Florentia de omnibus gentibus merita sit, quae litteras velut e naufragio in portum recepit conservavitque.

Huius urbis exemplo vos his miseris temporibus bonas artes defendite, cum episcopi pro litteris arma tractant et reliqui principes hanc curam se indignam ducunt, passim tumultuatur Germania et ad arma conclamat, et quemadmodum est in veteri versiculo:

Pellitur e medio sapientia, vi geritur res.

Id his studiis maxime officit. Nam si inter arma silere leges recte dixit Cicero, quanto magis hae nostrae artes obmutescunt in otio natae atque alitae. In his motibus ruinam omnes bonae artes minantur, nisi deus fulciat atque his, qui rerum potiuntur, mentem det instaurandi litterarum studia. Vos vero ne desistite urgere honestissimum et sanctissimum propositum. Etenim neque deo gratius a vobis officium ullum neque utilius civitati vestrae praestari potest.

Porro cum recte facta plerumque sequatur invidia, non dubito, quin cum iniquis quorundam iudiciis vobis certandum sit. Sed est fortis viri invidiam in recte factis contemnere, fortasse certandum est vobis et cum aliis difficultatibus, quae consilia vestra in provehenda schola remoraturae videntur, quas ita vincetis, si cogitabitis deo vos in hac re morem gerere. Nam nisi litteris conservatis, durare religio et bonae leges non possunt. Praeterea exigit deus, ut liberos vestros ad virtutem ac religionem instituatis. Est autem non modo in superos impius, sed plane humana specie beluinam mentem tegit, quisquis non dat operam, ut sui liberi rectissime instituantur; hoc inter hominem ac beluam discrimen natura fecit, quod beluae deponunt curam sobolis, cum adolevit; homini iniunxit, ut ex se procreatos non modo in prima infantia alat, 5 sed multo magis, ut mores eorum, cum adoleverint, ad honestatem formet.

Quare in primis in bene constituta civitate scholis opus est, ubi pueritia, quae seminarium est civitatis, erudiatur; valde enim fallitur, si quis sine doctrina 10 solidam virtutem parari posse existimat, nec ad respublicas gubernandas quisquam satis idoneus est sine scientia earum litterarum, quibus ratio omnis regendarum civitatum continetur. Haec cum expendetis, non invidia, non ullis aliis difficultatibus patiemini 15 vos absterreri, quominus ad discendum vestros cives invitetis. De professoribus vestris hoc polliceri vobis possum et eruditionem suscepto oneri parem esse et in fungendo munere summam fidem futuram. Christum precor, ut auspiciis gravissimi negotii faveat et vestra 20 consilia studiaque discentium fortunet. Dixi.

V.

De miseriis paedagogorum oratio.

In Aesopi apologis queritur apud Iovem asinus de suis aerumnis cottidianis se operis confici et enecari: sed est querela paedagogorum de suis miseriis iustior 25 profecto, si res ad calculos revocetur quam asini. Quis enim ullo in pistrino asinus tantum mali pertulit, quantum mediocris paedagogus in uno atque altero docendo tum laboris exhaurit tum molestiae perpetitur? Quo in genere vitae quia mihi aliquamdiu versari contigit et experiri, quam sit calamitosum, libuit in praesentia de paedagogorum miseriis dicere et communia mala nostri ordinis deplorare. Est enim quaedam in malis voluptas libere conqueri, sicut Ovidius ait, cum scripsit:

Expletur lacrimis egeriturque dolor.

Proinde cum alios aequis animis de alienis negotiis dicentes audiatis, et mihi quaeso meam agenti fabulam verumque dolorem repraesentanti operam date. Et si ille apud Terentium, cum dicit hominem se esse, nihil humani alienum a se esse, recte iudicavit humanum esse alterius miseria adfici, debetis profecto et vos vice mea commoveri et querelam meam patienter audire mihique veniam dare, sicubi diutius iusto in commemorandis malis nostris commorari videbor. Nam ubi dolet, aiunt, ibi manum quisque habet. Ego cum per inopiam ingenii sentirem me nil huc adferre posse, quod magnopere delectaret, et me cottidianae vitae consuetudo huius argumenti admoneret, gessi scilicet meo dolori morem et hanc materiam sumpsi pro virili tractandam. Ex qua equidem non ingenii laudem, sed in hac carnificina quaedam curarum solacia captabam, plane mihi requies, non fama petita est. Nec me sinebant haec mala diligentius elaboratam orationem huc adferre. Sed dum dolori obsequor, sine ordine incondita pleraque effudi, idque condonabitis opinor mihi facile, si qua miseratio mei tanget. Neque enim vacabat animo sic occupato verborum habere accuratiorem delectum.

Sed exordiar aliquando causam, quam animus meminisse horret luctuque refugit, et querar apud vos de condicione paedagogorum, quo genere hominum

DE MISERIIS PAEDAGOGORVM.

nulli mihi ne quidem in ergastulis videntur infeliciores. Primum enim cum traditur paedagogo puer docendus et ad humanitatem ac virtutem informandus, videte
5 quaeso, quam duram provinciam plenamque miserrimi laboris ac periculorum capiat. Non ante matura aetas pueri videtur, ut mittatur in ludum litterarium, quam cum domestica indulgentia corruptus est et vitia tum intellegit tum degustavit; is non modo nullum amorem
10 litterarum aut admirationem, sed acerrimum erga illas odium, contemptum praeceptorum, turpissima exempla domo adfert. Cum ciusmodi monstro praeceptori decertandum est. Si doceas, peregrinatur animus pueri, et ut optime succedat, sescenties idem incul-
15 candum est, dum illi invito haereat in animo: cum paululum modo despexeris, rursus ex animo illa omnia toticns decantata puero effluunt. Si reddere cogas, quae didicit, tum vero videas plane ludibrio haberi praeceptorem. Nam puero, ut est contumacia, voluptas est
20 admisisse aliquid, quod urat et exerceat praeceptorem. Si quis cogatur docere camelum saltare aut asinum fidibus ludere, nonne illum egregie miserum dicas, qui frustra maximum laborem sumat? At id tolerabilius est quam nostros pueros docere. Nam ut nihil pro-
25 moveas in camelo aut asino exercendo, certe illi nulla iniuria cumulant molestiam. At isti belli pueri cum strenue defatigarunt nos, quam sunt insuper in nos contumeliosi? Invenias, qui palam ausit convicium facere praeceptori et manus auriculas imitatur mobilis albas.
30 Et eiusmodi mores domo ad praeceptores adferunt, nihilo reverentius antea parentes tractaverunt, quam nunc magistros tractent. Et paulatim vertit in naturam mala consuetudo, ut corrigi et emendari haec vitia nunquam possint. Quid est, si non haec est miseria,
35 perpetuis curis ac labore in docendo frustra consumi

et enecari? Deinde pro tuis meritis etiam ludos deliciasque et quidem puero fieri? Pingunt apud inferos Sisyphum immane saxum in adversum montem volvere, quod tamen e summo iam vertice rursum labitur et plani raptim petit aequora campi, significarique scribunt eo commento irrito labore multos mortales confici. Mihi multo clarius repraesentari videretur inanis opera, si pingeretur ibi paedagogus cum eiusmodi puero, qualem paulo ante descripsimus. Quanto enim maius negotium est paedagogo quam Sisypho? Nec tamen maius operae pretium fit. Illius in versando saxo simplex labor est, et cura vacat, paedagogi vide mihi quam multiplex negotium sit. Nunquam nisi coactus a praeceptore puer librum in manus sumit: ubi acceperit, oculi atque animus expatiantur. Ibi tanquam calcaria addenda, quae admoneant officii. Enarrat aliquid praeceptor, iam illi delicato somnus obrepit, et securus in utramque aurem dormit, dum se paedagogus dicendo rumpit. Novum ibi negotium fit paedagogo expergefaciendi discipuli. Dictata repetuntur, experrectus adulescens iubetur adicere animum ad ea, quae traduntur, verum non est cura Hippoclidi, foris est animus tanquam in alio mundo, in ganeis, in alea, in perniciosi sodalicii ludis. Tantum abest, ut meminisse aliquid studeat, ut eam legem, quae de conviviis exstabat apud Graecos, μισῶ μνάμονα συμπόταν, ipse de scholis latam putet et incisam non in aes, sed insculptam animo circumferat μισῶ μνάμονα μαθητήν.

Itaque si postridie dictata reposcas, quia perfluxerunt aures omnia, nil tenet. Ibi magistro redit labor actus in orbem. Orditur pristinam cantilenam nec semel repetit, donec isti trunco unum atque alterum verbum infligatur. Quis est tam cornea fibra, qui non stomachetur tantum operae se perdere, praesertim cum

interea et valetudinis iactura facienda sit? Nam atteruntur et labefiunt corporis vires non modo dicendi labore, sed etiam cura doloreque animi, quem, quia non respondent nostrae diligentiae studia puerorum,
5 indignitas rei parit. Saeculum in his miseriis consumitur, dum iste primas litteras didicerit.

Nec putet se iam defunctum esse paedagogus, haec tantum nostrae tragoediae praeludia sunt, restat epitasis multo aerumnosior. Infinitus labor est os puerile for-
10 mare et ad Latinam linguam adsuefacere. Nam cum lingua expoliatur consuetudine bene loquendi eamque ad rem disertorum commercia multum momenti adferunt, primum, ut est neglegentia, converrunt ex proximo, hoc est a patria lingua omnem sermonem.
15 Latine loqui, quia id difficilius erat, ne quidem conantur. Deinde quia sui similibus delectantur, eruditorum commercia procul fugiunt. Apud unum praeceptorem Latino sermone utendum est, ad quem cum ventum est, dii immortales, quale spectaculum committitur! Puer ali-
20 quamdiu in statuae modum prorsus mutus est. Postea ubi se conligere coeperit ac meditari verba, quia animus perturbatus est, oculi superciliaque pervertuntur, si videas, dicas comitiali morbo adripi: pervertitur et os velut Cynico spasmo foedissimo rictu. Post ubi diu
25 secum luctatus est, tandem vocem edit. Sed ne deprehendatur, si quod forte exsistet soloecum, stridit obscure. Quidam ingeniosi sunt in prostrema syllaba et casu dictionis obruendo, ne percipiatur. Iubet praeceptor clara voce pronuntiare, ille iterat et verba
30 cadentia tollit. Exaudit iam praeceptor, sed nihil nisi verborum portenta. Nec auctores, qui praeleguntur, redolet sermo, nec cum grammaticis praeceptis convenit. Hic demum sentit se vere miserum esse paedagogus. Nam cum ex studiis puerilibus non alius fructus
35 petatur, quam ut expedite loqui possint, hic videt sibi

operam et oleum in dicendo perire in tam prodigiosa
discipuli infantia. Sed quantae difficultates exsorbendae
sunt, dum huic vitio mederi studet? Dissimulandus ei
dolor animi, iracundia reprimenda est, comitate puero
5 perturbatio animi sedanda, blande invitandus est ad
loquendum. Saepe trahendi longius de industria ser-
mones, ut consuetudinem Latine loquendi puero faciat.
Haec una res cum plus satis adferat molestiae,
tamen multo magis exerceat praeceptorem stilus, quem,
10 ut Latina lingua fiat puero familiaris, adhibendum
esse videt, ut usu scribendi confirmatus tuto loqui
possit. Non enim unum remedium ad excutiendum
istum veternum puerilibus ingeniis satis est. Sed cum
nihil perinde ad parandam quam uberrimam sermonis
15 copiam conducat atque assiduus stilus, non alium
laborem tamen perinde recusant suscipere atque scribendi. Nihil est opus hic recensere causas: etenim
nota vobis natura hominum nostrorum. Immane quantus labor est perpellere, ut vel toto semestri unum
20 epistolion scribant. Ego vero comperi non aliam crucem nobis esse acerbiorem quam cum istis cessatori-
bus cottidie rixari, cum officii monentur. Neque vero
unquam cogi potest, ut unum versum scribat, nisi
praeceptor adsideat, dictet argumentum, suppeditet
25 verba. Iste cum inveniendi cura vacat, tum aegre
dictata excipit. Sero hac consuetudine eo promoveris,
ut suo Marte conetur scribere, si tamen unquam conatur. Nam illum crede virgula divina ad virtutem
incitari, qui vel sero per sese conatur aliquid com-
30 ponere. Quis non malit in pistrino molere quam hanc
tam molestam plenamque stomachi pervicatiam gerere?

Sed fac istum tandem coepisse scribere, plurimum
operae in emendatione scriptorum ponendum est. Est
enim sceleratus praeceptor, qui hac in re cessat, si
35 Horatio credimus, qui negat bonum virum esse, qui

cum censor fiat alieni scripti, vitia non reprehendat.
Est enim notus versiculus:
Vir bonus et prudens versus reprehendet inertes.
Primum autem in corrigendis sermonis vitiis oculatus
praeceptor non simplicem laborem sumit, dum grammatica errata mutat, dum obscure et ambigue dicta
perspicue explicat, dum impropria corrigit, dum horridis addit nitorem et figuris inluminat et gratiora
blandioraque facit. Porro relegere inepta scripta puerorum molestum est quamvis patienti praeceptori,
quanto magis emendatio fatiget, praesertim cum plerumque ratio etiam, cur quidpiam mutarit, indicanda
sit? Cum castigandi acrius, qui neglegentius scripsere,
hortandi alii, ut inceptum cursum urgeant.

Neque vero tantum sermonis vitia monstranda sunt,
sed in his qui iam nonnihil promoverunt, rerum etiam
habenda ratio et voluntates regendae. Quosdam enim
convicia delectant, in aliis est ridicula vanitas et inanis iactantia, et fere mores stilus arguit. Haec vitia
cum vires accipiunt, nec e teneris animis evelluntur,
haerent in senibus summa cum turpitudine.

Expendite quaeso, constant haec mediocribus praeceptoribus, vel si dociles habeant discipulos, et tamen
nostris fere aut ingenia desunt aut deest voluntas
discendi. Duplicatur autem labor, cum summa vi ad
officium cogendi sunt. Nam ut in acie parum felix
imperator, si milites habeat primum ignavos, deinde
quos non pudeat fugere, postremo qui non obtemperent, sed pugnent iniussi, locum capiant ex suo arbitrio, non servent ordines. Etenim apud Thucydidem
egregius quidam imperator dicit ad bene pugnandum
requiri, ut velint milites, ut fugere pudeat, ut obtemperent imperatoribus, ita in hac scholastica militia
miserrimis curis praeceptor conficitur, cum docendos
susceperit, qui primum non flagrant ulla cupiditate

discendi. Nihil enim in omni vita egregium effici potest, nisi animus studio eius rei, quam adfectat, ardeat et ad eam magno quodam motu atque impetu rapiatur. At nostri turpiter frigent in discendo nec accendi ulla ratione possunt, magis cogi volunt tanquam pecudes. Deinde nec laudis amore nec pudore exstimulantur. Porro cum hominum naturae proprie pudor insitus sit, quid esse nostros pueros dicam, quos adeo non pudet inscitiae? Ego verius monstra hominum dixerim, quam qui mutilis membris aut caeci nascuntur. Est enim levius malum mutilo pede esse quam humana mente carere. Isti enim simpliciter humana specie beluinas mentes tegunt, quos in re turpissima flagitiosissimaque sui nihil pudet. Postremo numquam quisquam tam felix praeceptor fuit, cui ita obtemperarit discipulus, ut praescriptam discendi rationem secutus sit, ut ad hos auctores evolvendos adligari se passus sit, in quibus cum solis versari atque commorari tanquam domi suae praeceptor volebat, ut ad tempus scripta absolverit, ut ea, quae edidicit, statis horis memoria repetiverit, ut sermone castigatiore apud sodales usus sit. Nostri quidem nihil horum praestant, in carcerem se includi citius patientur quam in uno auctore detineri. Varietas grata est illi aetati. Itaque varia, sed plerumque deteriora legunt, si tamen aliquid legunt. Iam fodere malunt quam memoriam aut linguam exercere. Sic sunt pueri in genere, alii magis, alii minus ignavi. Nam etiamsi quis indole generosa est, tamen ea aetate parum in animis roboris est. Et quemadmodum longus labor est infantium corpora firmare gestando aliisque mollibus exercitiis, sic infantia ingeniorum non nisi sero curatur, postquam diu summa comitate docueris et adsuefeceris nec aliter tractaris, atque suos alumnos nutriculae tractant. In tanta inertia istorum cogitate quid animi praeceptori sit, nimirum idem, quod imperatori, qui abiecta victoriae spe intellegit hosti salutem tum suam tum patriae scelere exercitus sui proditam esse. Consumitur acerbissimis curis videns tam male locari gravissimos labores in iuventute formanda.

Dixi hactenus de aerumnis, quas in docendo tantum perferimus; restat altera officii nostri pars longe difficilior superiori, cura regendorum morum. Quid ibi mali non videt praeceptor? Primum aetas illa natura ad vitium propensior est. Et Plato scripsit nullam beluam intractabiliorem esse puero. Itaque tantopere sudabit praeceptor in regendis his, qui domi summa diligentia parentum ad religionem et ad bonos mores instituti sunt, ut leonem aut ursum experiatur facilius posse gubernari quam hos. Et tamen in scholas quotquot fere mittuntur, pessimos mores, turpissima exempla adferunt, ut refingendi sint de integro. Est autem difficilius prava, quae semel insederunt, dedocere quam recte docere. Scitis enim musicum illum gemina mercede docuisse, qui ante sub aliis magistris male adsuefacti erant. Pugnamus ergo cum ingeniis puerilibus, quae per sese ferocissima sunt, praesertim in Germanis et domestico usu corrupto. Videte enim istos bonos parentes, quorum multi se evangelicos vocant, cum in ea aetate prima esse tradendae religionis cura debeat, hi ne quidem sacras preces, decalogum et hoc genus alia domi docent, plerique parentes contemptum religionis docent. Tam corruptum hoc nostrum saeculum est, ut iure possis dicere deceptum esse satiricum, cum dixit:

    Nil erit ulterius, quod nostris moribus addat
    Posteritas.
    Omne in praecipiti vitium stetit.

Neque enim dici potest, quanta accessio scelerum omnis generis nuper adeo ad vetera vitia facta sit. Domestica disciplina periit, quae tamen nobis pueris erat mediocris. Magna diligentia domi tradebantur elementa pietatis. Nunc alia res est, ridentur sacra, eamque summam sapientiam ducunt. Et quia dei metus exemptus est animis puerorum, ruitur in omnia vitia, quorum ego iam memoratione non delector. Proinde cum in scholam ventum est, necesse est sumi in docendis primis pietatis gymnasmatis operam. Sed quid discerent infecti ante impiis opinionibus? Sed ut mediocriter succedat, tamen in officio retinere quantus labor est, domi retinere, arcere a corruptis sodalibus, a ganeis, ab alea et reliquis similibus? Hoc qui potest, illum ego non hominem, sed plane deum quendam caelitus in terras publicae salutis causa delapsum esse pronuntiavero.

Mille artes excogitant pueri fallendi praeceptoris. Et in pluribus tantus furor est, ut palam contemnant imperium. Quia enim a litteris perpetuae feriae sunt, otium et docet et alit vitia. Est enim verissima sententia, quam reliquit scriptam Columella in praeceptis, quae patrifamilias praescribit: Nil agendo fieri, ut homines male agere discant. Iam ubi domo tanquam e carcere refractis repagulis fugerit adulescens, miserrimae curae subeunt animum praeceptoris. Quae ille in fabula Mitio sibi venire in mentem dicit de filio, eadem praeceptorem sollicitum habent, ne ille uspiam ceciderit aut perfregerit aliquid aut vulnus acceperit, et hoc genus alia. Quare iam cogitat sibi summa vi coercendum esse discipulum. Et cum hactenus a plagis abstinuerit, hic demum ad ferocitatem castigandam promuntur virgae. Nam nostri homines non nisi plagis coacti, sicut de Phrygibus in proverbio est, imperata faciunt. Hic ille miser supra tot mala carnificinam

DE MISERIIS PAEDAGOGORVM.

cogitur exercere, rem miserrimam, quaeque vel inprimis noceat valetudini nostrae. Nemo enim tam est ἀπαθής praeceptor, quin ex contumacia adulescentium commoveatur quemque non perturbet in verberando impetus. Quid iam de cura valetudinis puerorum dicam? Quid de sumptibus moderandis? Quid de rationibus sumptuum perscribendis? Quae. ne nimis longum faciam, cogor omittere. Etenim
Non mihi si centum linguae sint oraque centum, Omnia curarum percurrere nomina possim.
Postquam praeceptoris labores recensui, nunc videte, quae vicissim pro his tum merces tum gratia redeat. Haec vero est tragica catastrophe: superiora omnia ludum et iocum dices fuisse, prout haec mala sunt, quae restant commemoranda.

Primum merces adeo est exigua, ut satiricus ea de re questus scripserit:
Poenituit multos vanae sterilisque cathedrae.
Iure sterilem cathedram dixit. Nam fossorem pluris quam praeceptorem conducunt. In his miseriis algemus, vivimus siliquis et pane secundo et vix nos a fame defendimus. Videtis enim meam maciem, videtis, ut lacer incedam; quem si fortuna fecisset vel bibliopolam, scitis, quale sit id genus, ego iam auro onustus incederem tanquam aliquis satrapa.

Deinde summa ingratitudo puerorum est, qui non modo nullum se a nobis beneficium accipere dicunt, sed neminem peius de se mereri arbitrantur quam nos. Qui nihil discunt, nos perinde ut litteras acerrime oderunt velut suos carnifices. Quidam alii leviter degustatis litteris cum iam aliquam induant eruditionis persuasionem, sic placent sibi (nam id solet ea aetas), ut praeceptores nihil morentur seque iam ad summum fastigium eruditionis pervenisse putent, ubi ex alto nos despiciant. Et non modo non vident, quam curtam

habeant suppellectilem, sed ne id quidem expendunt'
quibus acceptum ferre debeant id. quantumcunque est,
quod didicerunt. Nec ego interea recito, quam variis
contumeliis nos adficiant, ut suspendant naso, posticis
sannis petant, si quid moneamus.
Videte quaeso, quam misera condicio nostra sit.
In eam aetatem beneficia nostra conlocantur, quae nondum benefacta intellegit: tantum abest, ut mutuo amore
nos complecti aut gratiam habere pro nostris officiis
queat. Sic pereunt nobis beneficia nostra magis quam
ullis mortalibus. Nam etiam cum senuere discipuli, quia
beneficii memoria non solet esse diuturna, nemo iam
praeceptorum meminit, quidam etiam malam gratiam
reddunt, ut Nero fecit.

Neque puerorum parentes pluris nos faciunt quam
ipsi pueri. Non expendunt depositam a se liberorum
curam nobis imposuisse. Tota enim regendi docendique pueri provincia nobis tradita est plena sollicitudinibus et periculorum. Ipsi domi suae secure suum
negotium agunt. Et iam cum mercedulam dederint, ut
exprobrant nobis suum beneficium? Si quid recte fecit
filius, nihil laudis ascribitur praeceptori. Si quid peccavit, accusatur praeceptor. Diogenes cum adulescentis
gestum in edendo reprehensurus esset, paedagogo impegit colaphum. Sic isti, quidquid peccant liberi, transferunt culpam in praeceptores. Talis gratia nobis pro
nostris summis laboribus et curis redditur. Si quis
huc conferat omnia vitae genera, inveniet in nullo
tantum calamitatum quantum in nostro, planeque adfirmare ausim nos omnium mortalium longe aerumnosissimos esse, qui cum summos labores obeamus, in
summa tamen inopia vitam aegre traducimus et interim
nullo non contumeliae genere adficimur a discipulis,
ab illorum parentibus, denique ab his, de quibus praeclare meremur. Neque quisquam opinor vestrum est

tam ferreo pectore, quin, si haec consideret, vehementer misericordia nostri commoveatur. Supersunt autem multo plura mala, sed ego defessus sum hac commemoratione, et tempus vetat prolixiorem esse orationem.

5 Itaque ut finiam, sunt mihi in hoc extremo actu discipuli nostri commonefaciendi, ut, quoniam audierunt sua vitia accusari, ignaviam, contemptum litterarum, amorem voluptatum atque otii, ingratitudinem, admoniti a nobis dent operam, ut haec emendent, ita et nobis 10 minuetur labor noster, et ipsi domum summa cum laude redibunt et adferent egregium instrumentum rei familiaris conservandae, dignitatis comparandae et reipublicae gerendae. Nam cum vacui domum redeunt, quid accidit? Quia nihil didicerunt, nullius usus sunt 15 in republica domique cum summa ignominia vivunt. Deinde quia in otio multa vitia contraxere, ea haerent in illis, potant, amant, latrocinantur, ut publicum odium urbis fiant. Exitus autem his moribus respondet: alii inter pocula occiduntur, alii suas fortunas in alea per-20 dunt, alios perdidere amores. Possem infinita exempla recitare, si sineret tempus.

Sic enim deus poenam sumit de his, qui primum deo auctore adhibiti ad discendum non faciunt suum officium. Nam quod parentes iussere, id deus tanquam 25 sua iussa fieri voluit. Deinde malam gratiam benemeritis praeceptoribus reddunt. Noli enim putare ullum esse scelus, quod perinde offendat deum atque ingratitudo. Sic enim scriptum est: fore ut non recedat malum a domo ingrati. Quantum autem doctoribus 30 debeatur, tum inde existimari potest, quod in vicem parentum succedunt et illorum adfectus erga pueros induunt, tum etiam Paulus commonet, cum ait: duplici honore dignos esse doctores. Proinde si cupitis, ut fortunet vobis deus universum vitae vestrae cursum, 35 date operam, ut vicissim ea praestetis, quae ille a vobis exigit, ut naviter obeatis provinciam vobis a parentibus commissam et ut praeceptores vestros amanter complectamini et religiose colatis, ut et nostra studia et nostrum amorem erga vos augeatis et mala nostra vestra commoditate mitigetis. Dixi.

www.ingramcontent.com/pod-product-compliance
Lightning Source LLC
Chambersburg PA
CBHW031404160426
43196CB00007B/893